中国インバウンド54のヒント

中国人富裕層はなぜ「日本の老舗」が好きなのか

中島恵
Kei Nakajima

プレジデント社

まえがき――日本には中国人富裕層が心惹かれる〝要素〟がたくさんある

「日本を訪れるたびに、こんなにも中国との深い縁があり、すばらしい歴史や文化があるのかと感動するのです」

これは以前、上海に住む、ある50代の富裕層の中国人から聞いた言葉です。よく話を聞いてみると、教養のある彼は静かにこう語り出しました。

「日本には中国との深い歴史を感じさせる場所がたくさんあります。たとえば、寺院。鑑真《がんじん》が苦難の末に日本にやってきて建てた奈良の唐招提寺を訪れたときには、思わず涙があふれました。それに、遣唐使、遣隋使として中国で修行した僧が建てたお寺も日本各地に点在しています」

「茶の湯も中国から伝来したものですが、日本には老舗のお茶屋や、日本茶に合う和菓子屋などもたくさんありますね。中国には老舗は少ないのですが、日本各地を歩けば、日本ならではの歴史を感じさせられるところが多くて感心するのです」

この言葉を聞いて、私は目からウロコが落ちる思いでした。

日本人は中国と聞くと「４０００年の歴史がある」と想像しますが、今の中国（中華人民共和国）は建国からまだ70年も経っていない〝若い国〟です。

中国にも老舗はあるのですが、社会の動乱の時代が長かったなどの理由から、日本のように１００年以上の歴史がある店は少なく、同じ一族で何代も続く店は非常に少ないといわれています。ですから、日本には江戸時代や明治時代から続く店が多いと説明すると、みんな驚きますし、中国人は日本酒の「十四代」などの銘柄の謂《いわ》れを聞くと非常に感激し、「ぜひそのお酒を飲んでみたい」といいます。

彼らから見れば、中国よりも今の日本のほうが、全国至るところに歴史のある老舗や古いものが保存されていて、これが「蘊蓄《うんちく》好き」「歴史好き」である知的な富裕層の目に、とても魅力的に映るのです。

中国人富裕層だからこそ心惹かれる場所は、ほかにもたくさんあります。

たとえば孫文、周恩来などの政治家は、日本で暮らしたことがあり、その足跡が各地に残っています。孫文が足繁く通っていた東京・日比谷公園内にある松本楼は明治36年（1903年）に建てられた洋食レストランですが、店内には孫文夫人の宋慶齢《そうけいれい》がよく弾いていたピアノが今も大事に保存・展示されていて、ここを訪れた中国人の琴線に触れると聞きます。

中国の著名な小説家、魯迅《ろじん》が学んだことがある宮城県の東北大学などにも足を運び、旅の途中で書物を読み返したりする人もいます。

また、古くは秦の始皇帝の命により、不老不死の仙薬を求めて日本にやってきた徐福という伝説の人物がいますが、彼が歩いたといわれる場所は佐賀県佐賀市、和歌山県新宮市、鹿児島県出水市など、全国各地に散らばっており、「徐福伝説」と呼ばれています。私の友人の〝徐さん〟は以前、自分と同じ姓の徐福とゆかりのある場所を訪ねて歩くユニークな旅をしていて、「こういう旅の仕方もあるのか」と思ったことがありました。

今、中国人富裕層は世界中を旅行して歩いていますが、ここまで歴史的に深い関わりがあり、まるで身内のような親近感を覚えるのは日本だけでしょう。

まえがき

日本について事前に学び、自分が興味のある場所を探訪し、単なるショッピングだけでは終わらない、中身の濃い充実した旅行をし始めている、という話を聞くたびに、私は驚きを禁じえませんでした。

中国の富裕層というと、日本では、単に経済的に余裕がある、成り金という意味で受け取られがちですが、必ずしもそうではありません。中国人富裕層の定義は後述します（37ページ）が、本書で紹介する中国人富裕層は、感受性が豊かで、常に新しい情報にアンテナを張っていて、向上心があり、本物志向の人々です。

中国企業の中堅以上の社員や経営者などであり、これから中国社会や経済をけん引していくトレンド・リーダーといってもいいでしょう。

そのような先進的な人々だからこそ、歴史的に関係の深い日本に興味を持ち、日本の文化を高く評価して、日本にやってきているのです。

彼らの行動の背景を知れば、5年後の中国人インバウンドがどうなっていくのか、その行方が、自ずと見えてくるはずです。

本書では、彼らの発想や考え方を中心に紹介し、既存のインバウンド本とは一味違う観点から、これからの日本の中国インバウンドについて考えてみたいと思います。

中国人富裕層はなぜ「日本の老舗」が好きなのか◎もくじ

プロローグ
「爆買い後」の今だからこそ、日本に惹かれる中国人

第1章

洗練された富裕層が心を揺さぶられるもの

CONTENTS

第2章

〝黒船〟ではない中国系インバウンド企業は

CONTENTS

第3章

ニーズはある。あとは彼らとどう繋がるか

第4章

「スマホがすべて」。中国人の劇的な変化からわかること

CONTENTS

第5章

観光こそ日本の未来を明るくする〝生命線〟

CONTENTS

エピローグ

洗練された富裕層を惹きつけるために必要なもの

※写真は一部（各写真に明記）を除き、筆者による撮影
※為替相場は1元＝17円に統一した

プロローグ

「爆買い後」の今だからこそ、日本に惹かれる中国人

PROLOGUE

これからも中国人観光客は間違いなく増えていく

中国人観光客の「爆買い」が新語・流行語大賞を受賞し、日本人の注目を集めたのは2015年。早いもので、あれから2年以上の歳月が経ちました。

「爆買い」は中国人観光客を形容する言葉として、あっという間に日本中に定着。一般の人が日常会話で「今日、お菓子を〝爆買い〟しちゃった」などのように使用するほど、日本人にとって馴染み深い単語になりました。

その「爆買い」に象徴される**訪日中国人観光客数は年々増加の一途**を辿っています。

03年には年間でたった45万人に過ぎなかった中国人観光客数ですが、10年後の13年には約131万人に、爆買いが流行した15年には約499万人に、そして17年は約735万人にまで増加しました。訪日外国人観光客の約4人に1人が中国人という計算になります。

18年も継続して中国人観光客数が増加していくことは間違いないでしょう。

しかし、爆買いが騒がれた翌年、16年の後半からは、早くも「爆買い後」が世間の話題になりました。

それは爆買いの終焉。そして、「モノ消費」から「コト消費」への移行という、大きく分けて2つのトピックです。

私は、爆買いが最も騒がれた15年12月に『「爆買い」後、彼らはどこに向かうのか？』（プレジデント社）という本を出版しました。

ちょうどその年の2月、春節（中国の旧正月）期間中の約1週間だけで約45万人の中国人観光客が訪日し、約60億元（約1140億円）を消費するなど、急速に爆買いがクローズアップされ始めましたが、本を出版したのは、その年の年末。爆買いが最高潮だった時期と重なっていました。

それなのに、「爆買い後」をテーマに本を出版したため、多くの方から、怪訝そうな顔でこう声を掛けられました。

「爆買いはもう終わっちゃうのですか？」
「爆買いはいつまで続くのですか？」
「今これだけ爆買いが盛り上がっているのに、もう『爆買い後』の話をするのですか？」
「これから、中国人観光客は日本に来なくなるのですか？」

私の答えは「ＮＯ」です。

まだまだ、**日本には観光地としての底力があり、中国人観光客はこれからも、もっと日本にやってきます**。

しかし、そう自信を持って語るためには、論理的に説明することが必要でした。

私の信条は、一人のジャーナリストとして、常に現場で生の声を拾い、取材したファクト（事実）を積み上げて書くことにあります。

観光や旅行業界を専門とするコンサルタントや「インバウンドの専門家」ではありませんが、多くの訪日中国人観光客や、中国に住む中国人たちに取材しているうちに、「爆買い後」の彼らの動向が、自然と手に取るようにわかってきたのです。

そこで、「今は爆買いという現象がこんなに騒がれているけれど、彼らの言動から分析すると、きっと近い将来、こういう方向に進んでいくのでは？」と思い、中国人インバウンド消費の行方を占う前著を出版したのです。

旧来の「爆買い」はもうすぐ終息し、新たな消費志向が本格化する

前著の「まえがき」に、私はこう書きました。

日本人よりもはるかに速いスピードで生きている中国人の「爆買いの中身」は相当変化していくだろうが、ひとたび「豊かな暮らし」へとかじを切った彼らの気持ちは止められず、この流れは当分続いていくだろう。
今後、経済がどんなに悪化することがあろうとも（バブル崩壊後の日本人がそうであったように）、もう生活レベルを元に戻すことはできないのだ。

事実、私が予測した通りになりました。
今あらためて前著を読み返してみると、数々のヒントがちりばめられていました。
また、爆買いは終焉せず、「モノ消費」から「コト消費」へと中国人の志向は変化し

ていますが、その点についても、自分でも驚くほど、私の予測は的中しました。すでに「コト消費」は私が前著を書いた15年の時点でもじわじわと始まっていたからです。

読者の方々の間には「いやいや、爆買いはもう終わったと報道されているじゃないですか？」という方がいるかもしれませんが、それは違います。

そもそも日本で14年後半から頻繁にメディアに登場し始めた「爆買い」という言葉の定義自体、曖昧なものでした。

私が考える「爆買い」の定義はこうです。

「団体ツアーでやってきて、同じ商品を10個、20個と大量に、短時間に買いまくる」

爆買いのイメージは人それぞれですが、私と同じようなイメージを抱いている人が多いのではないでしょうか？

記憶に新しい人も多いと思いますが、当時、中国人観光客が買っていったものは温水洗浄便座や高級炊飯器などの家電製品が中心でした。1つではなく何個も同じ商品を買い、東京・銀座の大通りや大阪の黒門市場で、両手にたくさんの買い物袋を抱えた中国人観光客が練り歩き、大型バスに乗り込む姿を目撃した人も多いと思います。

それを「爆買い」と称していたのならば、その意味での爆買いはもうすぐ終息します。

「爆買い中」も「爆買い後」も使っているお金は変わらない

しかし、**「爆買いの中身」は大きく変化している**のです。

そして、「爆買い後」の新しい現象が次々と顕在化し、各方面に広がってきています。

つまり、**「爆買い後」の今こそ、日本のインバウンド・観光関係者にも大きなチャンスが巡ってきている**といえます。

「同じ商品を買いまくる」のではなく、消費の内容が変化し、従来のような団体ツアーではなく、**個人旅行でやってきて、団体では行けないような自分の好きな場所に行き、食事や宿、スポーツ、レジャーなど自分が興味のあるものに、ふんだんにお金を使うようになってきています。**

あらゆる面で、中国人の旅行は多様化、成熟化し、市場が広がっているといえます。

それは観光庁が発表する統計にも現れています。

爆買いが騒がれる前の12年、中国人観光客の日本での1人当たりの旅行消費額は18万8000円、爆買いがピークだった15年は28万4000円、16年は23万2000円でした。17年は10月までの統計で23万8000円と、ピーク時よりやや下がっているものの、大きな変化はなく、全外国人の構成比で見ても、中国人の消費は全体の44・2％に上っており、群を抜いています。

このように、中国人は日本で「爆買い」といわれたときと大差なくお金を使っており、その消費内容は、モノ消費からコト消費へと移行しています。そのことがお分かりいただけるのではないでしょうか？

中国人の旅行は驚くほどのスピードで多様化・成熟化している

個人旅行が増えたため、必然的に「東京－大阪」のゴールデンルートだけではなく、北海道や東北、中国・四国、九州など地方へも足を延ばしています。

今や「えっ？　こんなところにも中国人観光客が⁉」と驚くほど辺鄙な田舎にも、彼らは旅行するようになってきています。

ですが、この「団体から個人へ」「モノからコトへ」「都市から地方へ」という旅行形態の変化や消費の成熟化は、まだ日本人全体にはあまり伝わっていないように感じます。

その証拠に、私自身、多くの方々から「もう爆買いは終わったのですよね？」と声を掛けられます。

そのたびに私は否定し、昨今、大きく変化している中国人の旅行内容を説明したり、新たに中国人を取材したりして、そのトレンドを記事にしてきました。また、中国人の個人旅行客へのインタビューと同時並行して、インバウンドに関わる事業を行う中国系企業にも取材を行ってきました。

そして、今回、本書を出版するに至りました。

日本企業にも本当の意味でチャンスが到来している

本書のポイントは主に3つあります。

1つ目は、15年以降の2年間に**中国人の旅行はどう成熟化し、今後、彼らはどういう**

日本旅行をしていきたいと思っているのかについて。

2つ目は、**どのような在日中国系企業があり、日本でインバウンド事業を行っているか**について。

3つ目は、**激しく変化する中国国内事情や、中国人の思考、行動様式**について。

この3つを中心に紹介していきたいと思っています。

中国系企業がインバウンド事業をやっているというと、日本のインバウンド関係者は「中国人が旅行にやってきても、利益は中国系企業に奪い取られてしまい、自分たち（日本人）には旨味がないんじゃないの？」という懸念を示します。

確かに、団体旅行が主流だったころは、日本の旅行代理店に仕事が回ってくることは少なく、中国人インバウンドの利益はすべて在日中国人や中国系企業だけに回ってしまう……そうした面は否めなかったと思います。

観光ガイドもすべて在日中国人（または在日台湾人）だったため、日本人が関与する余地は多くありませんでした。

しかし、**個人旅行にシフトしてきてからは、日本企業や日本のインバウンド・観光関**

係者にも大きなチャンスが到来してきています。

その理由のひとつは、**中国人旅行客の多様化により、全国津々浦々まで彼らが来てくれる時代になった**ことです。

「大きな観光施設がない小さな我が町は、中国人のお客さんを呼べない。呼びたくても予算もない。だから、私たちにはインバウンドは関係ない」と思っていた人々のところにも、中国人観光客はやってきます。いえ、もうすでに、知らないうちに、勝手にやってきているといってもいいでしょう。

その事実に、多くの日本人が気づいていないだけです。

実際、「こんなところにも……」という情報は、本書の中で詳しく紹介していくことにしましょう。

中国系企業は真剣にあなたと手を組みたいと思っている

もうひとついえることは、**在日中国系企業は日本のインバウンド関係者と手を組みたいと真剣に思っている**ことです。

私は数多くの在日中国系企業や、その関係者に取材し、どのようにインバウンドの受け皿となっているのかについて取材しました。彼らの話を聞くにつけ、こう感じました。

「中国系企業は〝黒船〟ではない。彼らは日本人の味方なのだ」
「ともに手を結び、ウィン－ウィンの関係になりたいと思っているのだ」

17年になって、日本に支社を構える中国系企業が急増しています。

遠隔操作だけではビジネスが間に合わなくなってきており、本格的に日本支社を構え、日本でのインバウンド・ビジネスの橋渡し役になろうとしているからです。

その事実は、日本のメディアではほとんど報道されていません。

日本のメディアに彼らの社名やニュースが載ることはあまりありませんが、彼らと手を組むことによって、日本企業や観光施設、自治体にもチャンスが訪れることは間違いありません。

中国系企業の規模が拡大し、日本に本格的に進出できる力を蓄えられるようになったからこそ、**対等に付き合える時期が到来した**ともいえます。

メディアが報道するステレオタイプの中国像は忘れるべき

日本人の漠然としたイメージの中には、きっと、次のようなものがあるのではないでしょうか？

「中国人は嘘をついたり騙したりするから怖い……」

「中国系企業と手を組んでも、こちらは利用されて、損をするだけかも……」

「どこにどんな中国系企業があるのかよくわからないし、社名も聞いたことがない。信用してもいいのか」

「どんなふうに中国人と接して仕事をしたらいいのか、正直わからない……」

生身の中国人とあまり接触した経験がなければ、このように恐怖心を感じてしまうかもしれません。

しかし、私が取材したところ、彼ら（中国人）はこんなふうに語っていました。

「もっと日本の地方の観光関係者やお店、レストランと連絡を取り合って仕事がしたいが、怖がられてしまう」

「日本企業とともに発展したい」
「日本企業に声を掛けているが、尻込みされてしまい、結局、話がまとまらない……」

このように、**双方にはコミュニケーション不足や、誤解、齟齬があり、その結果、うまくマッチングできていない**という問題があります。

そこには、日本のメディアが報道する「ステレオタイプの中国（人）像」が少なからず、悪い影響を及ぼしているかもしれません。

しかし、このまま何もしないでいれば、日本の観光産業は衰退していく一方です。日本の観光産業に可能性がないのなら仕方がないのですが、日本には四季折々の美しい風景、おいしい空気や水、温かい人々がいて、何より長い歴史と、日本独自の伝統文化があります。

このすばらしい観光資源をもっと多くの中国人にも知って、理解してほしいですし、実際、中国人観光客も「もっと日本を旅行したい」と思っているのです。その証拠が、年々伸び続けている観光客数のデータだといえるでしょう。

日本企業の中には、中国系企業や中国人と一緒にビジネスを行って、インバウンド事

業で成功しているところが少なくありません。

主に小売業が中心ですが、彼らは中国系企業や中国人のＫＯＬ（キー・オピニオン・リーダー）と呼ばれる人たちとビジネス・パートナーになり、インバウンド事業を拡大させており、大きな利益を得ています。

ですが、そうした企業は、わざわざ「うちは中国ビジネスで儲かっていますよ」と喧伝することもなければ、どんなふうに中国人と手を組んでいるのかなど、詳しい情報を開示することもほとんどありません。

そのため、**日本企業は中国人のインバウンドではあまり成功していないように感じる人もいるかもしれませんが、そんなことはない**のです。

インバウンド・ビジネスでもっと多くの集客を見込めたり、利益を得たりすることは十分可能なのです。

そのためのヒントをこれから本書で説明していきましょう。

第1章

洗練された富裕層が
心を揺さぶられるもの

EPISODE 1

人口14億の中国には
マナーが悪い人も洗練された人もいる

中国人観光客、と一口にいっても、さまざまな人がいます。訪日客が700万人いれば、700万通りの顔があり、考え方があり、嗜好があります。

当たり前の話です。

しかし、日本人と話していて、「中国について最も抜け落ちているのでは?」と思う感覚……。それは「中国にはさまざまな人がいる」ということを、すっかり忘れてしまっていることです。

なぜ、いきなり私がこんな話をするのかというと、日本のマスメディアの影響からか、**日本人の中国人に対するステレオタイプが固定化されてしまっているために、中国に関する新しい情報がインプットできず、その結果、多くのインバウンド・観光関係者は観光ビジネスで損をしてしまっている**のではないかと、少し残念に思うからです。

中国の人口は約14億人。ざっと日本の12倍です。国土は日本の25倍。民族も単一ではなく、多民族国家です。

北京や上海などの大都市にいるとわかりづらいのですが、中国には50以上の少数民族がいて、私たちが思い浮かべる「中国人」とは外見が異なる人々も大勢います。

しかし、日本に住んでいると、そうした「中国人のあまりにも大きすぎる幅」は理解しづらく、狭い国土に暮らし、平均化された私たち日本人と同じ目線で彼らを見てしまうので、いろいろな誤解が生じます。

日本人が思い浮かべる典型的な中国人像といえば……

「買い物しながら飲食しているのは中国人」
「大きな声で騒々しいのは中国人」
「列に並ばないで、横入りするのは中国人」
「マナーが悪く品がないのは中国人」

このようなイメージではないでしょうか？

確かにこういう中国人は大勢います。私自身もこういう中国人を（日本国内だけでなく中国でも）何十回、何百回と見かけてきました。しかし、**ステレオタイプ化された中国人像とは相当かけ離れた、洗練された中国人も大勢います**。それもまた、事実です。

何しろ、中国には「さまざまな人」がいるので、十把一絡げに「中国人」と片づけることができないのです。

ここが中国の厄介なところであり、「中国って正直、よくわからない」と多くの日本人が思うところなのですが、逆に、中国に大きな幅があるからこそ、私たちにとってはビジネス・チャンスだと言い換えることもできます。

ヒント01

「中国人は○○だ」というステレオタイプな考えをやめる

中国人富裕層とはどのような人々か

私が本書で紹介していくのは、「ステレオタイプの質の悪い中国人」ではありません。

まえがきやプロローグでも紹介したように、個人旅行客、中間層以上の富裕層、成熟層を対象としています。

ここで少し中国人富裕層について、私なりの定義を説明したいと思います。

一般的に富裕層とは「一定以上の経済力や購買力を有する個人、世帯」を指すセグメンテーション（区分）のことをいいます。

カナダのRBCウェルス・マネジメントが15年に発表した世界の富裕層ランキングでは、不動産、収集品、消費財を除き、100万ドル以上の投資可能資産を有する世帯を富裕層と定義しており、国別でみると、①アメリカ（約435万人）、②日本（約245万人）、③ドイツ（約114万人）、④中国（約89万人）の順となっています。

中国人富裕層はこの調査が行われた15年以降、爆発的に増加していると予想されますが、中国の場合、特徴的なのは「富一代《フーイーダイ》」（富裕層の第1世代）と「富二代《フーアーダイ》」（富裕層の第2世代）という2世代を示す言葉があることです。中国には富裕層の定義はありませんが、彼らは「超富裕層」といっていいでしょう。

「富一代」は現在50～60代で、自力で起業して大成功を収めた経営者や、不動産などで儲けた成り金（中国語で土豪《トゥーハオ》）といわれ、「富二代」はその子弟で、80年代生まれ以降

（30代半ば以下）が多いといわれています。

この「富二代」の中には「幼い頃から家庭環境に恵まれて勉学に励み、海外留学したり、努力したりして、自分も事業を立ち上げた知的成功者タイプ」と、「親のコネを使い倒し、威張り散らす金持ちのドラ息子タイプ」がいます。中国の富裕層は欧米や日本に比べて年齢層が低く、居住地は都市部（北京市、上海市、江蘇省、浙江省、広東省など）に集中しており、大卒以上の学歴が多いといわれています。

もちろん、この2タイプの極端な例だけでなく、社会的地位の高い仕事に就いている中間層（年収400万円超）から富裕層（年収1000万円超）が大勢います。上海に住む20代後半の知人は大手銀行に勤務しているエリートで、年収600万円ですが、17年末、日本旅行のためのビザを申請したところ、「十分な経済力を有する人のための数次ビザ」（後述）を取得できたと話していました。

いずれにせよ、**彼らは今、ものすごい勢いで日本に関心を持ち、日本を目指してやってきています**。

中国の地方（黒竜江省、福建省など）の一部の都市では、17年9月ごろから、団体の海外ツアーを規制し始めました。外貨流出を警戒し、旅行会社に団体旅行の募集を制限するように通達を出したのです。これは団体のみで、個人旅行客は含まれていません。

そうしたこともあって、これから先、もっと海外に飛び出していくのは、明らかに個人旅行客です。

彼らを取り込んでいくことは、日本のインバウンド・観光関係者にとっても、持ってこいの話ではないでしょうか？

洗練された中国人はどこにいる？

「でも、洗練された富裕層の中国人って、具体的にはどんな人々？　一体どこにそんな人々がいるの？」という声が、読者の方々から聞こえてきそうです。

プロローグでも少し説明しましたが、洗練された中国人は、実はもうすでに日本にかなりやってきています。

観光庁の『訪日外国人消費動向調査』によると、16年の訪日中国人観光客（約637万人）中、団体旅行客は45・1％、個人旅行客は54・9％と**すでに個人旅行客のほうが団体を上回っています**。この傾向は17年も加速しています。今後、団体旅行客は減少していくでしょう。

個人旅行客の中には富裕層とはいえないOLのような普通の人もいますし、何度も来ているので団体旅行をやめたという人もいて、一概に個人旅行客＝富裕層と断定することはできません。

しかし、仮に個人旅行客の30％がそうした富裕層であるならば、残りの70％も、今後1〜2年以内に、私たちが来て欲しいと思う層に変わっていくでしょう。

中国の変化は日本の4倍、いや5倍といえるほどのスピードだからです。

この個人旅行客の中にもいろいろあり、個人的に知人のツテを辿って、中国人ガイドを雇い、ガイドが運転する車で旅行する人もいれば、飛行機のチケットや宿泊先、観光先などすべてを自分で手配する人もいます。この中に大きな幅がありますが、明確にいえるのは、「**日本中、どこにでも行っている**」ということでしょう。

外見が日本人とまったく変わらず、これまでは彼らの旅行に日本人が介在することが少なかったために、彼らの行動を把握しにくかっただけです。

でも、「それでは、どうしようもない」というわけではありません。

彼らでも、まだ知らない日本のすばらしい観光地や、観光施設が日本にはたくさんあり、**相手に合った的確な情報をアピールできれば、彼らが自分たちで足を運んでくれる可能性がまだまだある**といえます。

私の中国人の友人は中国でも比較的富裕層が多い杭州に住む建築家や会社経営者を連れて、日本各地を旅行して歩いていました。その行き先に、私の別の友人が福岡で営むカフェ＆ギャラリーもありました。

友人のカフェ＆ギャラリーには来店客がメッセージを書く共用ノートがあるのですが、そのノートに、達筆で立派な漢詩を書く中国人が多いことに驚きました。

彼らは陶芸をしたり、読書をしたり、カフェの暖炉で暖まりながら、静かに地元の日本人とおしゃべりするのを楽しみに旅行をしているという話でした。

ヒント02

呼び込むべきは洗練された富裕層の個人客

訪日中国人は大きく分けて3つに分類できる

リピーターが増えているのも昨今の特徴です。

前述の調査では、訪日回数が1回目の人は66・7％で依然として多いですが、2～3回目は22・6％、4～9回目は7・7％、10回目以上は2・9％となっています。

私の分析では15年の時点で、訪日中国人観光客は主に次の3つに分類できました。

①日本大好きな日本オタクでリピーターになっている人
②日本のことをよく知らない初来日の人
③従来は欧米に出かけていた富裕層で、訪日経験が浅い人

①と③は個人旅行客、②は団体旅行客が中心でしたが、団体と個人の比率が逆転し、①と③が増える傾向にあります。つまり、日本大好きなオタク、そして、以前はとくに日本に関心がなかった富裕層です。

③は日本観光のビザが緩和されたことなどから、日本への興味が湧くようになり、日本旅行をするようになりました。

インバウンド・観光関係者が狙うのも、この①と③でしょう。②ももちろん、これから成熟していき、①に変化していく可能性が高いといえますし、③の中にもリピーターが増えています。

ヒント03

日本をよく知らない初来日の団体客をあえて狙う必要はない

訪日ビザが取得しやすくなった

ここで少しだけ訪日中国人のビザ（査証）について説明しておきます。

日本人は海外に出かける際、ほとんどの国でビザが必要ないため（それだけ日本のパスポートは世界的に信頼性が高いため）、ビザの存在について無頓着な人が多いのですが、ビザは海外に出かける際に必要な証書、身元審査のようなものです。中国人だけではありませんが、海外旅行に行くのに「ビザを取得すること」は必須の手続きです。

中国人の観光ビザは主に団体観光と個人観光の2つに分けられます。

団体観光は添乗員がつくツアーで、決められたコースを団体で移動するものです。

個人観光は少し細分化されており、①一次ビザ、②沖縄県数次ビザ・東北六県数次ビザ、③十分な経済力を有する者用の数次ビザ、の3つです。

以前は①と②しかありませんでした。②は1回目の訪日旅行の際、沖縄か東北六県のいずれかの県に1泊以上するという条件で出される数次ビザです。

③は同じく数次ビザですが、②のような条件を設けないで発給される数次ビザで、3年間有効、1回の訪日で30日以内なら滞在することが可能です。富裕層は主に③を利用して来ていますので、旅行の計画も自由に行っています。

しかし、このような制度になったのは16年以降のことで、以前はまったく違いました。

15年に出版した私の著書『なぜ中国人は日本のトイレの虜になるのか?』(中央公論

新社）では、中国のパスポートがいかに不便か（中国人がビザを取得するのが、どれほど大変か）について記述しています。

当時は十分な経済力を有する人であっても、ビザの取得のためにさまざまな証明書が必要でした。

上海の友人はドイツに旅行する際、不動産取得証明書、預金残高、通帳コピー、在職証明書、航空券の実物、日程表、宿泊先の予約表など、ありとあらゆる書類を揃える必要があった、と話しています。その上、ビザは旅行日程分しかもらえませんでした。

現在では、「十分な経済力を有して」いれば、**滞在日程もゆるやかになり、もっと自由に海外旅行できるようになっています**。

これは、**わずか2年の間に、「中国人旅行客にもっときてほしい」と思う各国の受け入れ基準が変わったことを意味しています**。

ヒント04

ビザの発給要件を見れば「国の方針」がよくわかる

中国人の平均月収や好きな色は一言では説明しきれない

私はときどきインバウンドについて取材を受けることがあるのですが、そのときよく聞かれる質問があります。

「中国人の平均月収はどのくらいですか？」
「中国人の好きな色は何ですか？」
「中国人は日本のどこに観光に行っているのですか？」

こうした質問に答えるのは、正直とても難しいです。

私は少し戸惑いながらも「中国はあまりにも巨大な国なので、いろいろな好みを持つ人がいて千差万別なのです。一言では説明できません」と答えています。

しかし、それでは先方は納得しません。

なぜこのような質問を投げかけるかというと、**彼らは日本人と同じ目線で中国人を見てしまうから**で、自分（と自分の国）を基準にしないとイメージができないからでしょう。ステレオタイプな答えが返ってくると安心する、ということもあると思います。日本人の多くが「ステレオタイプな答え」を潜在的に求めているフシがあるので、予想とまったく違う答えが返ってくると戸惑ってしまうのです。

そこで、私は次のような説明も加えるようにしています。

「中国人全体の平均月収という統計はありませんし、たとえあったとしても（人口が多すぎるので）日本人の参考にはなりません。北京と四川省の農村では経済格差が3倍とも5倍ともいわれており、何もかも違いすぎるからです。また、北京市といっても、人口（約2100万人）は東京都（約1300万人）を上回り、農民工（出稼ぎ労働者）が多く、日本人のように平均的な暮らしをしている人ばかりではないので、人によってかなりの収入格差があります。ですので、**平均月収を聞いて、それを日本人の生活水準と比較してイメージすると、現実とかけ離れた中国人像になってしまいかねません**。そこが中国の複雑なところです」

このように答えると、相手の方は一定の理解を示して下さるのですが、それでも、しばらくすると、前述したような「でも、中国人の好きな色は?」という質問を投げかけてきます。

日本人同士でも好きな色は人それぞれ違うと思うのですが……。

「金色と赤色」「金箔」……ステレオタイプを当て込んだ商品の行く末

具体的なエピソードをご紹介しましょう。

17年の夏ごろ、ある中国人留学生のウィーチャット（中国版LINEといわれる中国の代表的なSNS）に、こんな投稿が書かれていました。

「**中国人がみんな金色、金箔、赤色、ハデハデが好きだと日本人は思っているんだね。まったく、情報が古すぎて、イヤになっちゃうわ**」

私もこの投稿を見て、失礼ながら、思わず「ぷっ」と噴き出してしまった一人です。

ある有名メーカーが製造したお酒を指しての発言だったのですが、そのパッケージは金色と赤色のデザインで、ボトルの中には金箔が浮いていました。

いかにもゴージャスで、明らかに中国人観光客を狙ったオリジナル商品であることが一目でわかったその女の子は、前記のような感想をもらし、そのお酒のボトルの写真とともに、ウィーチャットに投稿していたのです。

女の子は北京の大学を卒業後、日本の国立大学の大学院に通っている富裕層の子ども。彼女のふだんの言動や洗練されたファッションから考えて、とてもこのようなお酒をお土産に買っていくとは思えません。

しかし、日本人がイメージする「中国人像」は、金ピカ、ハデハデを好む人々ですので、このようなステレオタイプ化された商品が開発されるわけです。

ほかにも、わざわざ中国人向けにパッケージを変えた医薬品、家電製品なども、私が知っているだけでもいくつもありますし、読者の皆さんも家電量販店の免税コーナーや、空港などで見かけたことがあると思います。

お断りしておきますが、私はこのような商品を否定しているわけではありません。まだ中国からの団体観光客はきていますので、こうした商品の購買層も一定数はいるでしょう。何しろ中国にもさまざまな好みの人がいますので、マーケットはあります。

しかし、富裕層の人々は、今後こうした商品には興味を示さなくなっていくでしょう。そうした人々の影響を受け、内陸部からやってくる団体客の嗜好も変化していくと思われます。

申し上げたように、これから日本のインバウンド・観光関係者が狙っていくべきなのは、団体のお上りさんではないはずです。

日本の文化を理解し、日本旅行を心から楽しんでくれる質のいい富裕層の個人客です。そうした層を狙うならば、日本人もステレオタイプの古いイメージを打ち破り、新しい中国人の姿に目を向けていかなくてはいけません。

ヒント05

日本を心から楽しんでくれる富裕層は〝金ピカ商品〟に目もくれない

成熟層にとって春節や国慶節は関係ない!?

では成熟した富裕層は一体いつ、日本にやってきているのでしょうか?

そして、どんな旅をしているのか、具体的にご紹介していきたいと思います。


その前に、まず中国の祝祭日についてお話しします。

中国の祝祭日はインターネットで検索すると年間のカレンダーが出てきます。それを見ればわかりますが、毎年同じ日の祝日もあれば、変動する祝日もあります。大型連休として有名なのは1~2月の春節(中国の旧正月)と、10月の国慶節(中国の建国記念日)前後の7~8日間でしょう。それ以外で2日以上の連休は、4月の清明節、5月の労働節などがあります。

団体客の場合、これらの連休を使って旅行をするケースがかなり多いです。大型連休はツアー代金が高くなりますし、すぐに満席になってしまうので、意図的に外すこともあるのですが、大型連休しか仕事を休めない人もいるので、日本と同じく、団体客は大型連休に集中する傾向があります。

それを当て込んで、日本の小売店などでも中国の大型連休シフトを組んでいます。たとえば、私は15年頃から、東京・新宿のショッピング街で「春節快楽　熱烈歓迎」（春節おめでとう。熱烈に歓迎します）という真っ赤なポスターを見かけるようになりました。赤い文字の周りはラーメンマーク、ドラゴンのイラストつきです。10月の国慶節のときも同様です。こちらも「国慶節快楽」というポスターや垂れ幕などを飾り、中国人観光客をターゲットにしています。

しかし、日本政府観光局（ＪＮＴＯ）の17年の月別訪日客数を見ると、次の表の通りでした。

1月の春節と10月の国慶節の時期はやはり増えてはいますが、7～8月の**夏休み時期よりは少ないことが一目瞭然**です。そして、大型連休に関係なく**年間通して、まんべんなく日本に旅行にやってきている**ことがわかります。

この中で富裕層の数字だけを取り出すことはできませんが、少なくとも**私が取材した**

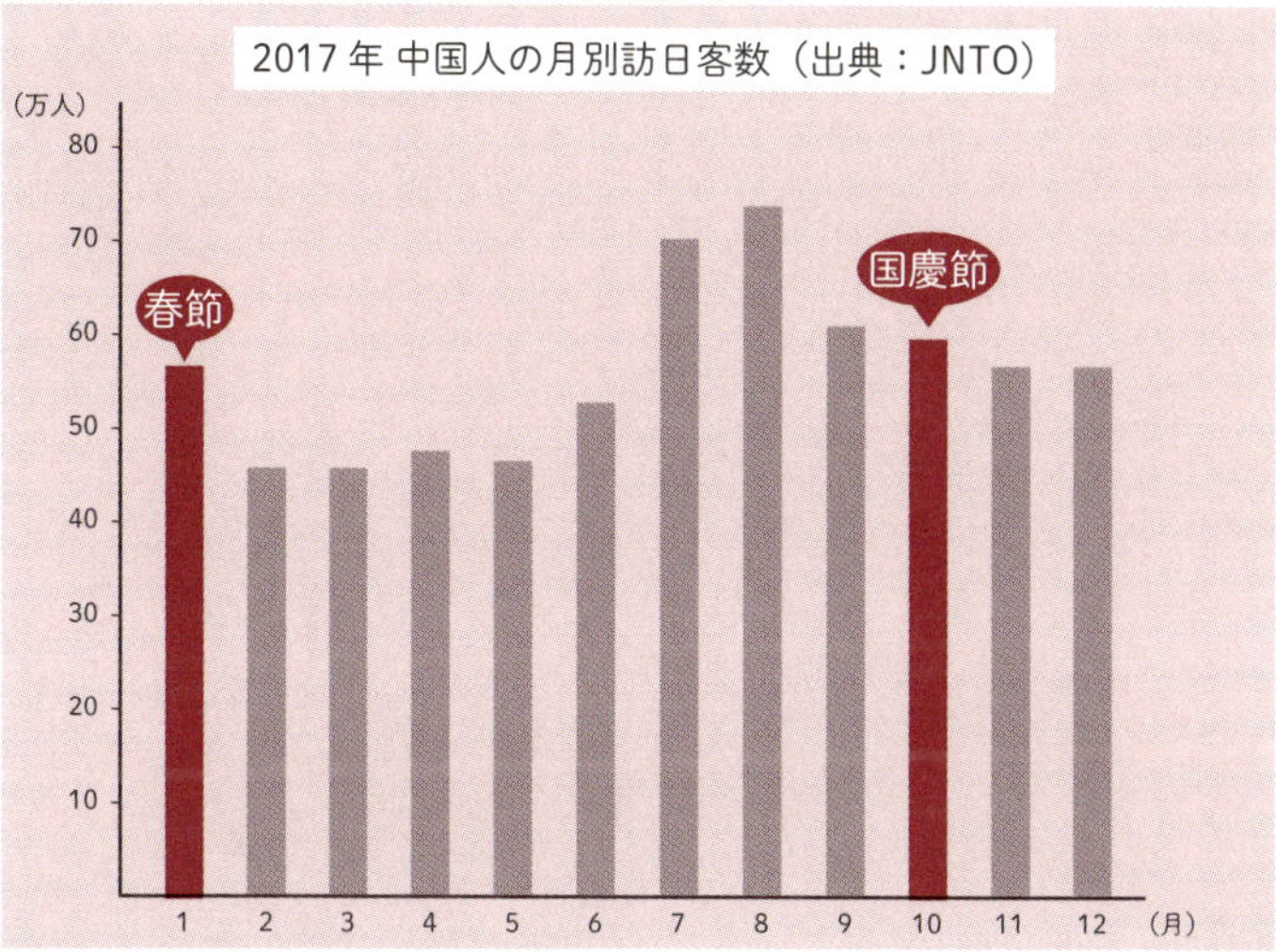

富裕層は、春節と国慶節を外して日本旅行に来ていました。

その理由を50代の中国人男性はこう語っていました。

「日本に限らないのですが、その時期に海外旅行をすると、必ず中国人の団体に会ってしまうんです。騒々しくてマナーが悪い団体に会うことだけは避けたいのです。中国はどこに行っても人、人、人。海外旅行のときくらい、もう中国人に会いたくないんですよ」

彼らも同じ中国人ですが、海外で中国人の騒々しい団体客に会うことを嫌がっているのです。

彼らは出国ラッシュとなる大型連休の時期には自宅でのんびりし、空港がすいてくる時期に休暇を取って海外旅行に出かける、という選択をすることが多いのです。

ヒント06 富裕層は大型連休での旅行を控える傾向がある

マニアックに日本を楽しむ成熟層たちのリアルな姿

17年の国慶節（17年は10月1～8日）の連休中、海外旅行に繰り出した中国人は約600万人に上り、中国の旅行会社シートリップの調査によると、日本はタイに続き2番目に人気の国となりました（第3位はシンガポール）。

ですが、連休が終わったとたん、北京在住の31歳のOLの友人から、こんなメッセージが送られてきました。

「もうすぐ京都と東京に遊びに行く予定なんです。**東京では『星のや東京』に泊まって、根津美術館やサントリー美術館の展示を見たり、友人が事前に予約しておいてくれたフラワーアレンジメントの1日教室に行って、銀座に懐石料理を食べに行く予定**です」

このOLは富裕層ではなく中間層ですが、私の目から見ると成熟層だといえます。

中国の有名大学を卒業し、中堅規模の外資系企業に勤務し、これまでに何度も海外旅行に出かけています。日本にも大学時代の友人が住んでいて、彼らとのネットワークからさまざまな情報を得て、日本文化にも造詣が深いからです。

このOLの月収は1万5000元（約25万5000円）ですが、これ以外にボーナスがあり、**家族と一緒に住んでもいるので、経済的に余裕があります**。

私の取材経験から、このような中国人は日本人が想像しているよりもずっと多いと思います。

特徴的なのは、彼らが年々マニアック化、オタク化しているという点です。

私の友人で、上海在住の男性（39歳）は大学教授。彼は仕事の関係で16年9月から17

年9月まで京都に滞在していましたが、その間、京都を拠点にやや長めの旅行（3泊以上）だけで、なんと19回も出かけました。その旅の一部をご紹介しましょう。

まず来日してから1年間に旅行した先（住まいがある京都を除く）で、彼がとくに印象深かったところを列挙してみます。

大阪、東京、神戸・六甲・美山（兵庫）、志摩・串本・伊勢・加太（和歌山・三重）、長浜・琵琶湖・近江八幡（滋賀）、茅ヶ崎・大船・湘南（神奈川）、清水・土肥・沼津・河津（静岡）、鳥取、倉敷（岡山）、一畑（島根）、高岡・雨晴海岸（富山）、白川郷（岐阜）、金沢・能登半島（石川）、宮島（広島）、下関（山口）、札幌・屈斜路・旭川・稚内・富良野・美瑛・帯広（北海道）、青森、山形、熊本、白馬（長野）、長崎……。

ある大学教授が茅ヶ崎を訪れた理由は小津安二郎

彼は全国すべての都道府県を旅行して歩いたそうですが、中でもいくつか印象深い旅行を私に語ってくれました。そのときの話をまとめた記事（「ダイヤモンド・オンライン」17年10月13日付）から抜粋・引用してみます。

「この知識量はすごい……」

彼が日本全国を歩いて書いたＳＮＳの旅日記には、こだわりや蘊蓄がちりばめられていたからだ。

「小津安二郎が定宿にしていた旅館『茅ヶ崎館』。趣のある部屋を見せてもらい感動した。まるで古い日本映画のワンシーンにタイムスリップしたかのようだ」

日本映画の巨匠、小津安二郎が名作『晩春』や『東京物語』の脚本を執筆したといわれるお気に入りの部屋や旅館の調度品などを撮影し、ＳＮＳにコメントをつけていた。一見すると地味な投稿だが、さりげなく蘊蓄も披露されている。

例えば、小津はよくスタッフや俳優たちにお手製のすき焼きをふるまったそうだが、何度も同じ部屋ですき焼きをしたせいで、天井には黒い油染みがついている。その貴重な写真も添えて説明をしているのだ。

思わず「へぇ〜」と唸らされる。

広島を訪れたときには路面電車の車庫に入ってみたときの様子を詳細に紹介して

いる。
「ちょっとした鉄ちゃん」を自任する彼。中国では車庫の見学はできないので、ワクワクしたそうだ。車両に愛着を持って呼びかけたり、引退する車両に労いの言葉を掛けたりするのは日本人ならでは。だから、車庫で整然と並ぶ車両に興奮したそうだ。

こんなところはまるで日本人のようだが、北海道でも鉄道の旅を楽しんだ。各地を旅してみて初めて、日本には廃線になったり、廃線の危機に瀕している鉄道が多いことを知り、「少し寂しい気持ちになった」と心情も吐露している。

京都の舞鶴から船で北海道に渡り、ほぼ全土を回った。夫婦ともども日本のテレビドラマ『北の国から』の大ファンで、富良野では有名な花畑や観光スポットだけでなく、ドラマのロケ地巡りをしたり、キタキツネの写真もアップした。

これらの富良野の美しい風景写真や動画を載せつつ、ドラマの中で俳優の吉岡秀隆が演じる主人公の黒板純が、田中邦衛演じる父親の黒板五郎からもらった泥のついた1万円札の説明も詳しく書いている。

中国人客が撮った茅ヶ崎館の写真

日本人ならかなり多くの人に通じる「感動的なドラマのエピソード」のひとつだが、そのワンシーンに中国人も同じように熱い涙を流している。「日本通」ぶりも、ついにここまできているのか、と驚かされた。

しかし、そんなマニアックな情報を語るかと思えば、東京・神保町の古書街を訪れたときには、中国とゆかりがある内山書店の看板を撮影し、内山書店と中国との歴史もSNSで発信していた（内山書店は日本人の内山完造が1917年に上海で開いた書店。日中文化人のサロン的存在だった。現在は中国関連書籍の専門店として神保町に店を構えている）。

また、神戸では孫文記念館である「移情閣」に中国から旅行にきていた家族とともに訪れ、孫文と日本人との交流に「中国人として感動した」とも綴っている。

いかがでしょうか?

これはこの男性が1年間に旅した記録のごく一部に過ぎませんが、日ごろ、中国人の取材をしている私でさえ、これほどマニアックな旅の話はあまり聞いたことがないので非常に驚きました。

とくに日本で1981〜2002年まで放送された名ドラマ『北の国から』のワンシーンを語っていたときには、逆にこちらのほうが感動するほどでした。

そういえば、北海道には廃線の危機にある路線や駅が少なくありませんが、中国のネット上では16年に廃止となったJR北海道・石北本線の旧白滝駅が話題に上ったことがありました。それは、たったひとりの乗客である女子高校生の卒業まで、この駅を廃止にしなかった、というエピソードです。このエピソードは中国中で感動を呼び、わざわざ北海道のこの駅まで出かけていく人もいるそうです。

ヒント07

成熟層は根津美術館も茅ヶ崎館も神保町・古書街も訪問している

中国との縁や歴史を辿る旅に心を揺すぶられる理由

「まえがき」でも書いた通り、中国人の中には、中国と日本との縁や接点に関心を持つ人が少なくありません。前述した男性もそうでしたが、**教養のある男性が比較的関心を持つのは日中の歴史**です。日中間には古くから歴史的関わりがありますが、**とくに興味を持ちやすいのは近現代史**です。

ご存じのように暗い歴史もあるのですが、親近感が湧いてくる歴史もあります。中国と日本は遣唐使、遣隋使の時代から、さかんに交流してきたので、日本にはその足跡がたくさん残っています。

日本人が気づかないうちに、中国人はそうしたところを探し求め、自分たちで旅行するようになってきています。

たとえば、前述した孫文は中国のみならず、日本でも非常に有名な人物の一人です。日本には孫文とゆかりのある場所がいくつもあります。そのひとつが中国人教授も旅した神戸の「移情閣」。1915年建築の八角形の中国式楼閣で日本最古のコンクリートブロックの建造物。国の重要文化財にも指定されています。

また、孫文は横浜で生活していたこともあり、横浜中華街とも深い関わりがあります。横浜中華街は世界でも有数のチャイナタウンですので、団体旅行でここを訪れたことがある中国人は多いのですが、二度、三度と訪れてくるうちに違うものにも目が向き始め、個人旅行の場合は、中華料理を食べるだけでなく、同じ横浜にある中華義荘という中国人墓地を訪れたり、『三国志』で有名な関羽が祀られている関帝廟を訪れたりします。

孫文と同じ政治家でいうと、国務院総理も務めた周恩来も、短期間日本に住んでいたことがあります。周恩来は東京・お茶の水にある明治大学で学び、そのときに通っていたという中華料理店「漢陽楼」は知る人ぞ知る名店。周恩来が食べたことのある料理を

東北大学にある魯迅像を訪れる
中国人は多い

自分も食べてみる、という人もいるほどです。

中国人作家として日本で最も名前が知られているのは魯迅ではないでしょうか。

魯迅は1904年、仙台医学専門学校(現在の東北大学)に留学しました。

東北大学には魯迅も学んだ当時のままの「階段教室」があり、大学の周辺には魯迅の下宿先だった場所などがあります。私の知人の中国人も「仙台まで旅行したついでに東北大学まで足を延ばし、魯迅の足跡を訪ねたり、銅像を見たりして感動した」と話していました。

魯迅が日本で出会った教師との交流を描いた小説『藤野先生』は日本の教科書

などで読んだことがある人が多いと思いますが、中国でもこの本は有名です。
今ではほとんどの旅行者がＳＮＳで日本の情報を仕入れているのですが、**日本関係の小説などをわざわざ探して読んでくる人もいます**。

もっと歴史をさかのぼり、鑑真が建てた奈良の唐招提寺に足を運ぶ中国人もいます。鑑真は何度も日本行きに失敗し、視力を失いながらも日本を目指し、苦労の末、日本にたどり着き、仏教の一宗派である律宗を伝えました。唐招提寺といえば、奈良県奈良市の五条町に位置し、**アクセスがいいとはいえない不便な場所にありますが、歴史に関心のある人々は、こんなところも訪れています**。

私は17年末、四国霊場88カ所巡りをしたのですが、お遍路さんといえば、88カ所巡りを終えて結願したあと、最後にお参りするのは和歌山県の高野山金剛峯寺です。ここは遣唐使でもあった弘法大師空海が開いたお寺ですが、ここにまでお参りする中国人が増えているそうです。

宿坊に泊まって「お勤め」をしたり、写経、阿字観《あじかん》（真言密教の瞑想法）などを体験する人もいます。**中国との歴史的なつながりがある空海にゆかりがある寺だからこそ、**

わざわざここを訪れるのでしょう。

余談ですが、中国に「0番札所」があるのをご存じでしょうか？

四国霊場88カ所巡りは1番札所から88番札所までありますが、中国・西安の青龍寺が0番札所といわれています。近年になってそう呼ばれるようになったもので、空海が遣唐使だったとき、師事したのが青龍寺の恵果和尚だったからだといわれています。今でも青龍寺には空海記念碑などが建てられており、ここを訪れる日本人旅行客がいますが、逆に中国からも日本の四国霊場や高野山を目指してくる観光客がいるのです。

ヒント08

近現代史における中国と日本との縁や接点は大きなPRポイント

地方でゆったりした時間を過ごす贅沢

福岡市の中心部から電車とバスで約1時間。福岡県の中央部に位置している朝倉市秋月は「筑前の小京都」と呼ばれる情緒漂う小さな城下町。鎌倉時代からこの地を治めてきた秋月氏、江戸時代から藩主を務めた黒田氏によって守られ、昔ながらの町並みを今に残しており、国の重要伝統的建造物群保存地区にも選定されている美しいところです。

人口は1000人弱の小さな町ですが、春の桜と秋の紅葉シーズンには多くの観光客が訪れ、目鏡橋や秋月城址、朝倉市秋月博物館などを観て歩くこともできます。

ここに古民家を改造した小さなゲストハウス「古民家旅館　游」があります。部屋は晴耕雨読という四字熟語から名前を取った「晴」（和室）、「耕」（洋室）、「雨読」（メゾネット和洋室）の3室のみですが、**ゆっくり静かに過ごしたいという日本人や中国人に密かな人気**です。

経営しているのは中国・河南省出身の邢秀芹氏。留学で日本にやってきて以来、日本の虜になり、ゲストハウスをオープンしました。

もともと中国の大学で日本語を学び、日本語ガイドのライセンスも取ったという邢氏。来日し、九州大学大学院で研究をする傍ら、ＪＴＢの添乗員のアルバイトで日本全国各地を回りました。その後、ＪＴＢに就職し、国際旅行営業部などで中国人観光客のインバウンドに携わりましたが、16年に独立。自身で中国からの観光客のツアーを手配する会社を設立しました。

「団体ツアーではなく、少人数でこだわりの強いお客様のご要望に十分応じられるような、きめ細かいサービスを提供したくて独立しました」という邢氏。たとえば、ダブルサイズのベッドや畳の部屋の希望、食事の好みなど、細かいリクエストに応えています。

旅行会社を経営する一方、17年末に始めたのが古民家を改築したゲストハウスです。お客様と直接触れ合いたいという気持ちで自ら宿のオーナーになり、始めました。

「以前から日本らしい木造の古民家に興味を持っていましたが、秋月でやろうと決めたのは偶然です。16年の夏、初めて秋月にやってきて、独特の雰囲気と風景に心を動かされました。地元で聞いてみると、秋月には宿泊施設があまりないとのこと。そこで物件を探してみたところ、ちょうどいい古民家が見つかったのです」

「この家でいちばん気に入ったのは裏庭に竹林があることでした。リラックスできる緑と風、鳥のさえずりがあり、2階の窓を開けると秋月の美しい風景が見渡せる。ぜひ、

こんなすてきなところでゲストハウスをやってみたいと思い立ちました」（邢氏）

宿泊者は日本人が半分、中国人や韓国人などの外国人が半分で、40代以上の働き盛りの世代が多いとか。国籍問わず、多くの人に来てほしいと邢氏はいいます。

「日頃忙しい人々に、ここにいる間はゆっくりとした時間を過ごしていただきたいですね。竹林のデッキで風に当たったり、家族で会話をしたり、桜並木を散策したり、深呼吸したりしてほしいと思います。こういうことこそ、贅沢な時間の使い方、旅の醍醐味だと思います。あくせくした旅行ではなく、何日か滞在して、心が穏やかになるような、そんな空間になれればいいと思います」（邢氏）

ヒント09 中国人も滞在型の旅をするようになってきている

出汁の種類にまで興味を持っている

マニアックな旅行を楽しむ「旅の達人」が増えていくのに比例して、彼らは蘊蓄を語りたがるようになってきました。

蘊蓄とは広辞苑によると「知識を深く積み貯えてあること、また、その知識」。深い学問や雑学のことも指します。何度も日本旅行をするうちに、日本に関する知識を得、経験を積み重ねていき、蘊蓄を誰かに披露したくなる人も増えています。

中国の富裕層向けの日本旅行専門誌『行楽《こうらく》』を発行する行楽ジャパンでは、雑誌愛読者へのサービスの一環としてツアーや交流会などを企画しており、好評を得てきました。上海で「秋田県の稲庭うどんを楽しむ会」を実施した際には、日本から料理人を招聘し、実際に目の前で出汁《だし》をひき、稲庭うどんを作る実演を行ったそうですが、そこで参加者からこんな質問が飛び出したそうです。

「**この出汁は何で取っているのですか？**」

関係者や料理人はこの言葉を聞いて、非常に驚いたそうです。

料理の見た目や素材に注目する中国人は増えてきましたが、地味な出汁の存在にまで興味を持って、それを質問してくる人は日本人でもあまりいないのではないでしょうか。

また、他の懐石料理などの会では、こんな質問もあったそうです。

「この料理に合わせるとしたら、どんな日本酒がいいですか?」

「このスダチがアクセントになっていて、風味を際立たせていますね」

「この魚の産地はどちらですか?」


これらの質問をした中国人は、必ずしも日本語ができるわけではなく、小さい頃から日本料理を食べてきたわけでもありません。しかし、見識があり、近年は海外でさまざまな料理を食べ歩いてきた結果、舌が肥えた人々です。

このように、本格的な味がわかる人々がじわじわと増え続けているのです。

ヒント10 成熟した富裕層ほど「こだわり」がある

第2章

中国系インバウンド企業は〝黒船〟ではない

EPISODE 2

中国系企業が日本に増えている理由

日本には数多くの中国系企業があります。有名なところでは家電メーカーのハイアールやファーウェイ、レノボ、検索サイト大手の百度《バイドゥ》、金融系の中国銀行、メディアの人民日報など。

普通の日本人は、これらの中国系企業と接点を持つことはほとんどないでしょう。

しかし、近年、**中国からのインバウンドが急増し、その影響でさまざまな中国系企業が日本に設立されるようになってきました**。

その中には日本での知名度が高まっている企業がある一方、ほとんど日本人に知られていない企業もあります。

中国系企業には大きく2種類あり、1つは中国に本社がある企業、もう1つは日本に住む在日中国人が設立した日本に本社がある企業です。

どちらにもインバウンドに関係する企業があり、その中には、日本のインバウンド・

観光関係者が知っておいたほうがよい企業や、**ともに協力できる企業がたくさんあり、有益な情報を得ることができます。**

そこで、2章と3章では、いくつかの中国系企業をご紹介しようと思います。

ヒント11 日本に増えてきた中国系企業を味方にする

中国人と日本人では検索サイトも検索方法も異なる

日本人が真っ先に思い浮かべる検索サイトは「Yahoo!（ヤフー）」や「Google（グーグル）」だと思います。これらは米国系の検索サイトで、日本にもヤフー・ジャパンやグーグル・ジャパンがあります。

中国で最も有名な検索サイトは百度という中国企業のものです。百度は01年に中国で設立され、日本には06年に支社ができました。

中国語の「百度一下《バイドゥイーシア》」は直訳すると「ちょっと百度する」、つまりちょっと調べてみる、という意味。日本語でいう「ググる」（グーグルで検索する）のようなものです。

それくらい、百度の影響力は大きく、中国全体で行われている検索の約90％が百度だといわれています。

では、中国人は百度をどのように使って検索を行っているのでしょうか？

日本支社のバイドゥによると、ひとつ大きな特徴があります。それは、**検索したい単語と単語の間にスペースを入れない**こと。日本人は単キーワードでスペースを空けて検索しますが、中国人はスペースを入れません。

たとえば、日本人は「北京　レストラン」と検索しますが、中国人の場合、「北京レストラン」と検索します。もちろん、中国語です。

センテンス（文章）で検索することも多いです。

たとえば「日本で人気の観光地はどこか」「日本に行ったらどんなお土産を買うか」などのセンテンスです。

こうした**中国ならではの検索方法を知ることによって、日本のインバウンド・観光関係者は「どうしたら、中国人に検索してもらえる存在になれるか？」を考えることがで**

きるといえます。

ヒント12 中国人は検索で「スペース」を使わない、「センテンス（文章）」を使う

自分たちの会社名やブランド名は「百度」で検索したらどうなる？

以前、銀座で商業施設を経営する私の友人は、こんなことをいっていました。

「自分たちの店は、そもそも中国でまったく知名度がない。だから、検索されることもない。インバウンドをやるといっても、どうしたらいいのだろうか」

もっともな意見だと思います。おそらく同じように考えている商業施設が日本全国にたくさんあると思います。

ちなみに、この商業施設の場合、中国語の店名も作りました。しかし、その名前を中

国に住む中国人に認知させることは至難の業なのです。

たとえば「日本銀座買物」という中国式の検索キーワードで検索したとき、その検索結果として自社の情報が表示されているかどうかを一度チェックしてみましょう。そして、自社情報を表示させるための手段として、検索結果に広告を表示させる「リスティング広告」という手段があります。これは、ユーザーが検索した際、その結果に連動して関連する事柄を表示させる広告のことです。費用はかかりますが、こうした広告を打つことは、知名度を高める有効な手段といえます。

バイドゥによると、**自分たちの会社名やブランド名を「百度」で検索してみて、検索結果にはどんな情報が表示されているのか、把握することが大事**なのだそうです。

「検索は能動的な手段です。**中国人がどんなふうに検索のアクションを起こし、探しているのか、そして、そのニーズにきちんと応えられているのか**。もし、自社の情報が表示されておらず、競合の情報が表示されていれば、そちらに顧客が流出してしまう可能性もあります。知らないうちにビジネスチャンスを逃しているかもしれません」（同社）

「百度」が紹介する中国人の検索方法の変化

百度での検索はモバイルが多く、百度の検索アプリ「手机百度《ショージーバイドゥ》」のユーザー数は月間約６億人、中国のモバイルインターネット人口の９割が利用しています。

そうした中、日本に関するキーワードに変化が出てきています。以前なら「東京旅行」などの漠然としたビッグワードで検索が行われていたのに対し、**最近ではより絞られたキーワードで検索するようになってきました**。

「〇〇ブランドのバッグはどこで買えるのか」といったピンポイントでの検索もよくあり、中国人が旅行のときによく使うキーワード「日本交通攻略」「日本土産攻略」「日本銀座攻略」のような言葉で検索し、より効率的に、早く目的にたどり着けるような工夫もしています。

これは、**中国人が検索に慣れ、検索が熟練化してきた証拠だといえる**でしょう。

また、同社によると、17年になって**検索で急上昇しているキーワード**があります。たとえば、**「美術館」がそのひとつ**。大きな美術館よりも、小さくて個性的な美術館、博物館など、意外な穴場スポットなどが検索されています。

「旅行が成熟化していく中で、すでに大きな観光地などは回り、もっと自分たちの趣味に合うものや、何かのメディアで紹介されておもしろそうだったところなど、知る人ぞ知るところに行ってみたい、と思う人が多くなっているのです」(同社)

ですから、ぜひ「百度」で検索してみることをお勧めします。検索してみると、自社がまったくヒットしないかもしれませんし、意外と上のほうに出てくるかもしれません。

検索はあくまでも相手がそれに興味を持つからこそ行う行為であって、逆の立場になって考えてみることが必要です。自社サイトを中国語で作成することも大事ですが、現時点で、自分たちの会社が中国人にどう検索されているのかを知ることは、初めの一歩といえると思います。

ヒント13 中国の検索サイトで自社名や自社ブランドを検索してみる

日本旅行中のレストランの探し方

検索の中でもとくに多いのが観光施設やホテル、飲食店です。飲食といえば、中国版「食べログ」と呼ばれているのが中国の「大衆点評《ダージョンディエンピン》」という生活情報クチコミ投稿サイトです。

「大衆点評」は中国では知らない人はいないというほど有名ですが、日本ではまだあまり知られていません。

同社は15年に中国最大の共同購入型クーポンサイト「美団点評《メイトゥアンディエンピン》」と合併し、社名を「美団点評」としました。傘下には「美団」「美団デリバリー」「猫眼映画」「美団旅行」

などがあります。同社のユーザー数は合計で約6億人を超え、17年10月時点で、中国国内の契約店舗数は約450万店、年間アクティブユーザーは2億4000万人、クチコミ件数も年間で12億件を超えています。

03年に飲食業界のクチコミ投稿サイトとして設立されて以降、デリバリーのシェアは約60%と市場でナンバーワンを誇ってきました。合併後は、旅行、インテリア、ウェディング、映画チケット、娯楽、観光施設、フィットネスジム、ビューティー、ショッピングセンターなど、総合的なカテゴリーでの予約、購入、クチコミサイトとなっており、飲食に留まらず、幅広い分野で活用できるアプリとして拡大しています。

クチコミが大好きだからこそ彼らは「やらせ」に厳しい

同社は17年2月にxigua（シーグア）という名称で日本支社を設立し、本格的な活動を開始しました。Xiguaとは中国語で西瓜《スイカ》のことです。

xiguaによると、彼らは東京、大阪、京都、沖縄、北海道、九州など120以上のエリア、80万以上の施設をカバーしているそうです。

17年10月のデータでは、月間平均で約30万ユーザーが「大衆点評」で日本のエリア情報を検索し、その半数は日本滞在中に検索していました。

ユーザー情報はGPSにより、成田空港では千葉ページへ、東京都に入ったタイミングで東京ページへと自動的に切り替わりますが、東京ページでは1日平均約1万5000人、多い日には2万人を超えるアクセスがあり、東京では銀座でのアクセスが最も多くなっています。

17年10月の国慶節の期間中、同サイトで最も検索されていたのは次の5つです。

「USJ（ユニバーサル・スタジオ・ジャパン）」「東京タワー」「東京ディズニーランド」「東京ディズニーシー」「築地市場」

いずれも日本人にも人気の観光地ですが、やはり中国人も同じようなところを検索していることがわかります。

飲食店の検索もさかんに行われており、17年10月時点で、中国人の間で大人気のラーメン店「一蘭」には約4000件のクチコミがありました。これは同店に対する「食べログ」のクチコミ（約400件）をはるかに超える数字です。中国人がいかにクチコミを重視しているかがわかるでしょう。

中国人が初めて訪れた日本の飲食店や場所について投稿することもできます。**自分が中国人で最初の投稿者になることに喜びを感じる人も多い**のです。

クチコミというと、日本でもやらせ問題がありますが、同社では社内に信用管理部を設け、警察や政府関係機関と連携し、**ニセのクチコミや不正行為を厳しくチェックしている**ことで知られています。もし「やらせ」とわかったら徹底的に排除し、ペナルティが科せられることもあります。

同社では日本市場に食い込んでいきたいという方針を打ち出しており、日本の小売店や商業施設などと連携して、クーポンや広告を展開しています。

ヒント14 クチコミが大好きな中国人は「大衆点評」で飲食店を探している

中国で広まる本格的な日本料理ブーム

中国に日本料理が広まり始めたのは90年代頃からですが、私の印象では本格的な日本料理店は近年になるまで少なかったと思います。

しかし、「爆買い」ブームが起きた15年以降、**中国の大都市では、日本にある店と変わらないほど本格的な料理を提供する日本料理店が急速に増えてきました。**

そのひとつがラムラ餐飲上海です。同社は日本の総合フードサービス会社、ラムラの中国子会社で、ラムラが経営する飲食店のうち「土風炉《とふろ》」と「鳥元」の2ブランド2店舗を上海で展開しています。

同社の総経理、呉雯嵐氏によると、**舌の肥えた上海の人々の間では「日本風」ではなく、ホンモノの日本の味を求める声が高まっている**そうです。日本文化に興味がある人は「居酒屋」という日本語も知っています。中国にはもともとない形態ですが、日本の

上海で行われている人気の日本料理
教室の様子（写真提供：呉雯嵐氏）

情報が増えるにつれ、居酒屋も中国で受け入れられるようになりました。

特徴的なのは、飲食店としてだけでなく、「土風炉」で日本料理教室を開催している点です。毎月1回、現地在住の中国人を対象に行っているもので、参加者はOLなどの女性がメインですが、中には男性もいます。作る料理は季節に合わせたもので、17年秋の献立は「秋茄子と海老の挟み揚げ」でした。単に日本料理を食べるだけでなく、自分でも作ってみたい、体験してみたい、という希望者は中国国内でも増えているのです。

呉氏はこういいます。

「日本から酒蔵の方を招待して、中華料理に合う日本酒を飲む会を催したり、和食とワインを味わうワインパーティーを開催したりしています。上海の中国人と日本人の交流の場にもなっていますね。東京や上海で話題の人気店の最新情報など、コミュニケーションもできて、とてもいいと思います」

「上海ではマグロの解体ショーも人気です。上海の日系企業などからの要望で、大規模な催事などのメインイベントのひとつとして行っていますが、非常に好評です。最近は中国人もマグロの刺身を食べますが、マグロの解体ショーを見たことがある人はまだ少ないのです。そこで、このようなイベントをすると大変喜ばれます」

同社の取り組みは、中国人の日本料理への興味・関心を引くばかりでなく、実際に「自分も日本に行ってみたい」「同じ料理を食べたり、自分でも作ってみたい」という欲求へとつながっています。同社の東京本社には予約センターがあり、そこで日本旅行をする顧客からの予約を受けつけています。

上海の日本国総領事館や日本の大手企業などが集まって日本の情報を提供しているウイーチャットの公式アカウント「日本軽奢游《リーベンチンシャーヨウ》」や、「大衆点評」、さらに中国や日本の旅行会社からも予約できるようになっています。

日本ならではの食べ物・飲み物への関心はかつてないほど高まっている

「土風炉」などでの体験や、中国のSNSで得た情報によって、日本料理への関心が増え、「日本に行って、ぜひ○○を食べてみたい」という具体的な希望を持ち、行動に移す人が増えています。

「弊社には日本料理（懐石料理など）のほか、フランス料理、中華料理などがありますが、お客様の中にはピンポイントで店名を指定してくる以外に、漠然と『日本で懐石料理を食べたいのだけれど、どんな店がありますか？』と聞いてくる方もいます。驚くのは**〝こだわり〟のある人が増えてきている**こと。たとえば『日本酒の十四代を飲みたいのですが、置いているお店はどこですか』、『多くの中国人がまだ食べたことのないような珍しい料理はありますか』、『高級な焼肉を食べたい』などのリクエストです。最近人気が出てきているのは『和牛』。神戸牛、松阪以外のブランド牛への問い合わせもあり

ます」（呉氏）

このように、従来の「天ぷら、刺身、鰻」といった伝統的な日本料理の枠を超えて、日本に美食を求めてやってくる中国人が増えています。懐石料理だけでなく、ミシュランで評価されたレストラン、有名なラーメン店、居酒屋にも焼肉屋にも行ってみたい。そう思っているのが今の中国人です。

座敷（畳の部屋）に直に座ることは大丈夫かといった生活習慣の違いもあるのですが、彼らの中には「わからないけれど、とにかく一度体験してみたい」という声もあります。お酒も産地の違うさまざまな日本産ワインや、希少な銘柄の日本酒に興味があります。**日本ならではの食べ物、飲み物への関心は、かつてないほど高まっている**といってもいいでしょう。

中国人が求めているのは「本場（ホンモノ）の味」です。日本には無数の飲食店がありますが、**中国人が気にするのは「日本人にも人気があるお店か？」ということ。彼らは中国人向けにアレンジされたものを嫌がります。**

日本人の間でも人気があり高く評価されているものを中国人も好む、というところが大きな〝ミソ〟になってきます。

ヒント15
中国人向けにアレンジされた食べ物は好まない

ドタキャンの心配がない中国人向けの飲食店予約サイトとは？

中国人観光客の間で急上昇している関心事といえば食事。

しかし、中国人がどのように日本の飲食店を探し、予約しているのか、その実態は日本ではほとんど知られていません。中国人が最も利用している飲食店の検索予約サイトは前述した「大衆点評」ですが、具体的な予約は、日本在住の友人を頼ったり、ラムラのように、日本と中国に飲食店を持つ店の予約センターなどを介していました。

日本には「ぐるなび」、「食べログ」、「一休.comレストラン」などの予約サイトがありますが、**訪日中国人は日本の電話番号を持っていませんし、言語の問題もあり、予約**

のハードルが高かったからです。

そうした中、中国の飲食店予約サイトを一本化し、日本の飲食店の予約から注文、支払いまでを代行しているのが、日本美食という中国系企業です。

同社の事業の柱は主に2つ。1つ目は訪日中国人のオンラインでの飲食店予約代行サービスを行うこと。もう1つはそれに関連する決済サービスです。

同社CEOの董路氏によると、利用者は中国の大手予約サイトである「大衆点評」「CTRIP（シートリップ）」「美団」「百度」「同程旅游」などから入って、日本の飲食店を検索することができます。この中に「日本美食」の自社サイトもあります。例えていうと、日本航空の航空券を買うとき、旅行代理店のサイトからも買えますし、日本航空の自社サイトからも買えますが、それと同じような仕組みです。

飲食店を検索するときには料理のジャンル別（寿司、懐石、天ぷら、焼肉、中華料理、フランス料理、東南アジア料理など）に、中国語で調べることが可能です。料理のメニュー（コース料理や単品、飲み物）や写真もありますので、中国にいながらにして、日本の飲食店の雰囲気や座席、特徴もじっくり確認することができます。

日本人が「食べログ」などをチェックしたり、お店の写真やクチコミ、最寄り駅などを見て比較したりするのと同じように、**飲食店の情報だけを入手することもできます**し、**飲食店の予約を完了するところまで、あるいは予約と支払い（決済）完了まで、すべて終えることも可能**です。

同社以外の「大衆点評」「シートリップ」などのサイトから入った予約も、日本での予約は「日本美食」を通じて、日本のパートナー会社（日本の飲食店予約サイト）に伝わり、そこから飲食店に予約が入るようになっています。

中国の予約サイトで、来日前に予約、注文、支払いまで完了してしまえば、来日して、お店で日本語のちんぷんかんぷんなメニューを見る必要はありませんし、日本円（現金）を使ったり、クレジットカードを出したりする必要がなくて便利です。その上、料理の内容もわかっているので安心できます。

飲食店側も、これまでは、たとえばアイパッドの翻訳機能を使ったり、中国語がわかるスタッフが必要になるなど、中国人を始め外国人観光客を受け入れることには、オペレーションやコミュニケーションの面で不安がありました。

しかし、**注文が済んでいれば安心**です。**当日支払いをする場合も、お店に設置したＱＲコードをスキャンし、中国のモバイル決済であるウィーチャットペイやアリペイ（第4章で詳述）で行うことができます。**

「中国にいるときとまったく同じようにスマホ決済（モバイル決済）ができますので、中国人のお客様にとって手軽で簡単です。日本のお店のほうも、特別な端末を用意したりする必要は一切ありません。お客様はその店の一押しメニューをあらかじめ把握できますし、飲食店にとっても、万が一、お客様が来店しなかったとしても、金銭的なリスクを負うことはありません。支払ったお金はいったん『日本美食』に入金され、弊社から各飲食店に支払う仕組みです。つまり、弊社が中国のサイトと日本の飲食店をつないでいる『とりまとめ役』になっています」（董氏）

董氏によると、わざわざ日本にやってきて来店するのだからと、観光客は**価格帯が高めのコース料理を注文することが多く、客単価も上がる傾向がある**といいます。飲食店にとっては売上拡大につながり、リスクはゼロ。**双方にとってメリットがあります**。また、日本の飲食店予約サイトにとって、同社は脅威にはなりません。日本のサイトはメディアとしての位置づけですが、同社はあくまでも**〝中国から〟の予約の窓口であり、決済サービスの役割が中心**だからです。

訪日中国人と日本の飲食店の悩みを〝同時〟に解決できることに意義がある

そもそも、同社がこのようなビジネスを思いついたのは、董氏の個人的な経験がヒントになっています。

董氏は日本留学、米国留学、コンサルタントなどを経て、いったん中国に帰り、14年に再び日本に戻ってきました。ちょうどその頃、中国から日本旅行にやってくる友人たちが増え始め、彼らから何度も「東京でどこかおいしいレストランを教えて」、「何を食べたらいいだろう?」という相談を受けました。

董氏は毎回リクエストを聞いて、それに合った店を教えてあげていましたが、董氏が推薦した店は友人に大好評で、いつも感謝されました。しかし、「日本語がわからないし、オススメ料理もわからないから、董さんが一緒にいないと困る」ともいわれました。

そこで、董氏はおいしい飲食店をリストアップし、中国語で友人たちに送ってあげたところ、これも非常に喜ばれました。

「私はずば抜けたグルメではないのですが、こんなに中国の友人から感謝されるということは、ここにきっとマーケットがあると思い、事業を立ち上げました」（董氏）

考えてみれば、日本人向けには「ぐるなび」や「食べログ」のようなメディアがたくさんあります。エリア別、料理のジャンル別で探すことができますし、友人から評判を耳にすることもあります。しかし、中国人を始め、外国人は日本語がわかりませんし、土地勘もありません。日本人なら、誰でも聞いたことがある有名レストランでも、それがどの町にあるのか、どんな名物料理が有名なのかもわかりません。それに、飲食店が無数にあるので、どこでどのように探したら、自分が望んでいるお店に到達できるのかも見当がつかないのです。

一方で、日本では人口減少が深刻化しています。客単価も落ち込んでいます。利益の縮小に悩んでいる飲食店が少なくありません。飲食店の情報サイトに掲載するのには経費がかかりますが、小さい店の場合、この経費負担が少なくありません。このように、

訪日中国人の悩みと飲食店の悩み、双方の悩みを解決できる事業として、オンラインの予約サイトという形態があれば便利です。

17年10月までに同社が直接契約して予約ができる日本の飲食店は、東京都内だけで約800店舗、パートナー会社を通して予約できる飲食店は日本全国で約6000店に上っています。

同社ではこれらの情報を充実させて、ウィーチャットの公式アカウントを拡大し、美容、不動産、観光などあらゆる情報を網羅、発信しています。

ヒント16

注文と決済の両方ができる予約サイトを使えば日本の飲食店も安心

中国で発行されている旅行メディア『行楽』の読者層

第1章でも紹介しましたが、上海を中心に富裕層向けに発行されている日本旅行メデ

富裕層向けの旅行雑誌『行楽』
（写真提供：袁静氏）

ィアに『行楽《こうらく》』があります。

もともとは09年に北海道を紹介するフリーペーパー『道中人』を創刊し、その後、九州観光を紹介する『南国風』も発行。それらを発展させた形で、13年にコンビニなどで販売する雑誌『行楽』を発行しました。日本全国の観光や生活、文化に関する情報を網羅しており、エッセイなどもあります。

価格は20元（約320円）で約90ページ、A4サイズでフルカラー。日本旅行やライフスタイルに関心のある人々を対象としています。また、SNS、ライブ動画などのクロスメディアでも情報発信しています。

行楽ジャパン代表取締役の袁静氏はい

います。

「高学歴で情報に敏感、旅行はもちろん、文化や芸術、社会事情など幅広い分野に関心のある30~40代の男女をターゲットにしています。上海から開始しましたが、北京や広州など他の都市部にもファン層は広がってきています。職業は自分で企業経営している方、大学教授、会社員などさまざまですが、いずれも知的好奇心が高くスマートな人々です」

懐石料理を食べるだけでなく、懐石料理を学びたい

17年、同社のキャッチフレーズは「体験有温度的日本」（ぬくもりのある日本を体験する）でした。中国人富裕層の興味・関心は〝体験〟へと移ってきています。これまでは**車窓から眺めていた日本ですが、これからは日本人と交流したり、もっとぬくもりを感じられる旅が求められていく**でしょう。

同社が17年に企画したのは、東京・日本橋で和菓子とお茶を楽しむ体験、手すき和紙を作る体験、大阪・太閤園の広大な庭園で鉄板焼きを食べる体験、銀座で懐石料理の盛りつけを行う体験などです。

「個人の観光客が懐石料理を食べる機会は増えてきていますが、懐石料理の盛りつけを自分で行うという機会はないですよね。料理や食材、飾りつけなどを準備し、それを参加者が自分でお皿に盛りつけるのです。それだけで終わらず、料理人の方が実演して手本を見せて下さったり、直接料理人から解説をお聞きしたりするのも大きな魅力です」

「なぜ、この食材はこのように盛りつけるのか、どう盛り付けたらより美しいのか、その盛りつけ方にはどういう意味があるのかなど、日本人の専門家のお話をうかがうと、日本の懐石料理への造詣が深まり、知識もぐっと増えます。このように〝体験〟は重要なキーワードになっていますが、**富裕層たちはもう一歩踏み込んで、日本人の方と直接お話をして、より多くのものを学んだり、コミュニケーションを取ったり、新しいことを吸収したいと思っています**」（袁氏）

もうひとつ、富裕層もホームパーティーなどを開催することが増えてきて、ゴージャスな食材を並べるだけではなく、洗練されたオリジナルな演出を求める風潮が出てきました。和食は味だけでなく、目で楽しむというイメージが共通認識としてあり、よい食材とよい器の組み合わせなどについて、日本人の達人や匠から学びたい、との考えがあり、自分たちの生活にも取り入れたいと思っています。

ヒント 17

日本人と話をして、より多くのものを学びたいというニーズがある

中国系企業が行っている日本の自治体や企業とのタイアップ企画の内容とは？

行楽ジャパンは上海でも人数限定の生け花教室、秋田県の稲庭うどんや日本酒を楽しむ会などを実施していますが、参加者は専門家が語る蘊蓄に興味津々です。

日本に何十回も足を運び、**各地でさまざまな料理を味わったり、ホンモノを目にして**

きた「通」の人々は、文化や芸術にも精通していて、もっと奥深いことを知りたいという思いや探求心が旺盛なのです。

これらの読者会には地方自治体や日本企業とのタイアップ企画もあります。たとえば、17年10月の国慶節期間中は、熊本市の協力を得て、2泊3日の読者会を行いました。熊本城周辺に約5万個のロウソクを灯す祭典「みずあかり」を見たり、JR九州で人気の豪華な観光列車「A列車で行こう」に乗ったり、天草で日本初だというスイーツも楽しめるクルーズ船「エルミラ」に乗船するという盛りだくさんな内容。参加者は現地集合、現地解散です。

熊本といえば、中国でも「くまモン」が有名ですが、熊本の魅力はそれだけではありません。**感度の高い参加者に地方の特色を情報発信してもらうことで、中国人に熊本の多面的な魅力が伝わるのです。地方自治体にとっても、中国人の生身の体験を知ることは、マーケティングの材料になります。**

「旅行好きな人々は『自分はこんなすごいところに行ってきた！』とSNSで誰かに伝

えたいですし、『この器にはこういう歴史があり、こういう人がこんなふうに伝統を守ってきて……』など、自分が学んだことを披露したいという気持ちが強い。それが大きな発信力となって、中国人の旅行が進化する原動力になっています」(袁氏)

紙媒体からデジタル媒体へと移行していくことは避けられないですが、スマホによるオンラインの情報が増えれば増えるほど、誰かと会って話をすることの重要性を感じるようになり、最近では上海でもオフラインのイベントが増える傾向があるとか。同社の読者会もウィーチャットで集客しつつ、オフラインで顔を合わせ、またオンラインでつながっていくという流れになってきています。

今後、**オンラインとオフラインをどう使い分けていくかは、インバウンドでも重要なカギになってくる**でしょう。

ヒント18

感度の高い中国人の実体験を通してマーケティングの材料が得られる

世界トップ３のシートリップが語る中国独自の旅行トレンドの流れとは？

中国の代表的な旅行会社のひとつがシートリップ（ＣＴＲＩＰ）です。同社は99年に上海で設立されたオンライン専門の旅行会社で、**中国のオンライン旅行サイトで首位、世界でもトップ３の規模**。ホテル、鉄道、航空券など旅行に関するさまざまな商品を取り扱っています。従業員は３万人を超えます。中国語では「携程旅行網《シエチェンリーシンワン》」と呼ばれており、15年に旅行サイト「去哪儿《チーナー》」と「艺龍《イーロン》」がシートリップファミリーとなり、中国でのホテル予約の75％近くが同社経由となりました。

日本に進出したのは14年。日本にはホテルなどの仕入れをするシートリップ・インターナショナル・トラベル・ジャパン、中国からのパッケージツアーを担当するシートリップ・ジャパン、航空券などを販売するシートリップ・エア・チケッティング・ジャパンの３社があります。

シートリップ・インターナショナル・トラベル・ジャパンは現在、東京、大阪、札幌、沖縄、名古屋、福岡の6カ所に支社があり、ホームページ上などでホテルの客室を販売しています。**中国からの団体旅行は減ってきていますが、個人旅行客は増えており、彼らの行き先は地方へと分散していますので、同社でも地方のホテルや旅館との提携を拡大しています。**

同社代表取締役社長の蘇俊達氏はこういいます。

「個人旅行客、とくに富裕層は団体客がいる場所を避ける傾向があります。日本ではまず団体旅行があり、そのあと個人旅行客が増えていくという段階的なイメージを持っている人が多いと思いますが、中国人観光客はその逆です」

「中国の場合、団体旅行から個人旅行への移行スピードが速く、個人客が常に旅行のトレンドを作っています。**個人客が新たに見つけて訪れた場所の人気が出て、そこに後から団体客がついていく、**という流れになります。情報に敏感で洗練された個人客が『行ってよかった』と思った場所や食べ物などをSNSで発信し、その情報が拡散して、団体客もそこに行ってみたいのでツアーを作る、ということがよくあります。ですので、日本人的な発想とは少し異なります」

ホテルを確保してから航空券を予約する

ほかにも中国人客ならではの旅行の特徴があります。

蘇氏によると、たとえば、ヨーロッパの人々は旅行の際、まず航空券を先に予約し、ホテルは現地に着いてから探す傾向があるのに対し、中国人は先にホテルを予約する傾向があります。ホテルが予約できなかったらどうしよう……という不安があるからです。**ホテルを確保できてから航空券を予約するのが中国人です。先に旅行のスケジュールをすべて作ってしまう**のです。ヨーロッパの人々は泊まったホテルがよかったら延泊することがありますが、中国人はあまりそういう行動は取っていません。

しかし、**日本の地方に行く場合は少し状況が異なります。地方では「ここに泊まりたい」というよりも、まずそこでやりたいことがあります**。たとえば佐賀県であれば、まず「佐賀牛を食べたい」という明確な動機があります。最初に佐賀牛が食べられるところを探して、そのあとで宿泊先を決めます。ですので、同社でもその行動を予測して、サイトに佐賀牛に関連するクーポンをつけているそうです。

同社は17年、ＪＮＴＯと一緒に「九州特集」を組みました。サイトではホテルや旅館の紹介をするだけでなく、バナー広告をつけたり、県内の特色ある食べ物なども同時に紹介しました。オススメの観光や付加価値の高い情報をセットにして見せることで、サイトを訪れた人も「この都市にこういうおもしろいところがあるなら、ついでに○○も体験したい」という具体的なプランが作れますし、個人客の参考になります。

ホテルや航空券の予約もすべてサイト上で、トータルで行えます。予約はシートリップのホームページ（予約サイト）、ウィーチャット、アプリ、コールセンターの４つから、ホテル、航空券、ビザ、送迎、レンタカー、各種入場券、レストランの予約まですべてワンストップでできるのが特徴です。

予算がない地方都市でも
中国人にアピールできる画期的な方法

このような動きは、日本の地方自治体にとっても地域の活性化につながります。地方からは「予算がない」、「どうやってインバウンドに取り組んだらいいのか、やり方がわからない」、「まず、どこに問い合わせしたらいいのか」という声も耳にしますが、予算がなくても、できることはたくさんあります。

「たとえば、ある地方の旅館が『もっとインバウンドをやりたい』と思っても、自分たちだけでは何もできない、中国語のサイトも作れない、中国語もできない、と不安に思っているかもしれません。しかし、地方自治体や観光局、旅館組合、商店街などと一緒に集まってくれたら、私たちはそこに出向き、どのようにしたらその町の魅力を引き出して中国人の観光客にアピールできるか、相談することができます」

「インバウンドのための特別な予算が取れなくてもかまいません。無料の宿泊券を出していただいたり、食事券や観光施設の割引券などを提供していただけたら、体験コースとしてお客様に宣伝することができ、そこからプロモーションを始めることができます。特集ページもこちらで制作し、SNSを通じて中国人に宣伝します。ですので、ぜひ行動に移していただきたいと思います」（蘇氏）

日本企業の場合、過去に成功事例がないと、なかなか動けないという側面がありますが、蘇氏は「中国の企業は、チャレンジしたら、その半分はうまくいく、と前向きに考えて取り組んでいる」と話します。

シートリップの顧客の70％が個人客で、彼らも貪欲に日本の情報を求めています。日本の地方にはまだまだ魅力的なところがありますが、それを、シートリップを始め、中国のインバウンド関連企業がすべてカバーすることは難しいといえます。

だからこそ、**「ここに、こんないいところがあるのです」と中国系企業に知らせることが必要**なのです。

同社では現在、中国語の簡体字版だけでなく、台湾や香港で使われている繁体字版、日本語版、韓国語版のサイトの充実を図っています。あまり知られていませんが、韓国や香港の顧客がシートリップを使って日本のホテルを予約しているので要チェックです。

ヒント19 予算がなくても、手助けしてくれる中国企業を上手に活用する

第3章

ニーズはある。あとは彼らとどう繋がるか・・・

EPISODE 3

経済的に豊かになったことでスポーツをする人が増えている

中国人とスポーツ、というと読者の皆さんは何を想像するでしょうか？

一般的にはオリンピックで中国が強い種目、たとえば体操や卓球、水泳の飛び込みなどを連想する人が多いかもしれません。

中国のオリンピック選手の多くは、小さい頃にその才能を見出された人が、特別に訓練を受けて育成されます。日本でもオリンピック選手は政府が支援して強化合宿などを行っていますが、中国の場合、選手はもっと幼い頃からその道一筋に歩むことが多いといえます。

しかし、一般的に、中国の中学や高校ではスポーツにあまり力を入れていないのが現状です。日本では中高生がサッカーや野球に夢中になることは珍しくありませんが、中国ではクラブ活動よりも勉学のほうが優先されるからです。

そんなお国柄ですので、趣味でスポーツをする人はこれまで多くありませんでした。しかし、**経済的に豊かになり、昨今は事情が変わってきました。スキー、スケート、ゴルフなどに興味を示す中国人が増えてきています。**

スキーリゾート、ゴルフ場、キャンプ場、自然学校、ホテルなどの再生を行うリゾート施設運営会社のマックアースという中国系企業があります。同社は日本の既存の施設を買収、地元自治体から指定管理者として受託しています。17年9月時点で、日本国内のスキー場26カ所、グリーンリゾート11カ所、ゴルフ場8カ所、キャンプ場4カ所、ホテル27カ所を所有しています。

具体的には、上級者向けの神立高原スキー場（新潟県）、日本一のファミリーパークを持つ黒姫高原スノーパーク（長野県）、スキーツアーコースができる鷲ヶ岳スキー場（岐阜県）、京都や琵琶湖の観光に便利な箱館山スキー場（滋賀県）、札幌や小樽観光に便利なスノークルーズオーンズ（北海道）など、全国各地に夏も冬も楽しめる施設を有しています。顧客は主に日本人ですが、近年、中国からの観光客が増えてきて、インバウンド事業にも取り組み始めました。

わざわざ日本のスキー場を目指す理由

中国にはスキーのイメージはあまりありませんが、東北部のハルピンや北京、新疆ウイグル自治区などには雪が降り、スキー場があります。しかし、まだ**ハードとソフトの両面が整った施設は少ない**といえます。ハード面は急速によくなってきているのですが、ソフト面はオペレーションの効率が悪いなど、問題点があります。また、中国のスキー場は大部分が機械による人工降雪で、雪質が硬いという特徴があります。

そこで、わざわざ日本にスキーにやってくる中国人が増えているのです。同社の執行役員・CEO室長の王芳氏によると、16年くらいから急速に増えてきたそうです。ヨーロッパに行く中国人も多いのですが、日本は距離的に近く、日本の雪はパウダースノーといって雪質が非常にいい。スキー場の近くには温泉が多く、スキーと温泉、スキーとおいしい郷土料理など、一石二鳥で楽しめるところが多いのが魅力です。

王氏は「中国にはスキー場があるといっても、スキー人口はやっと1000万人を超えた程度で、多いとはいえません。スキーが好きという人でも、1年に1度か2度しか行けず、多くの人が初心者の段階。スキーを指導するインストラクターのレベルもまだ高くはなく、中国にはスキー検定もありません。スキーウエアに凝る人はいますし、施設も新しく、急速によくなってきているのですが、1回当たりの価格は安いとはいえません。メンテナンスのやり方や、オペレーションに関しては、まだ経験不足という面が否めないと思います」と語ります。

一方で、中国では少しずつスキー愛好者のサークルやクラブのようなものができ始めています。そういう人々が仲間と年末年始や春節の時期に、環境のよいスキー場がある日本にやってくるようになりました。

そこで、同社では、日本旅行の中で1日だけスキーを少し体験するツアーを組んだり、スキー+周辺観光のセットや、子ども向け、初心者向けスキー教室、そば打ち体験などを一緒に行えるようなプランを、中国の旅行代理店などと組んで販売しています。また、子どものスキーキャンプなどに関しても問い合わせが増えているそうです。

中国人はスキーだけでなく、スノーモービルや雪合戦、そして、純粋に雪があるところで遊んでみたい、という人が多いのです。他にはカッコいいスキーウエアを着て写真を撮り、ＳＮＳにアップしたいなど……。17年冬、訪日中国人に人気のエリアは北海道や青森県でしたが、その理由は「雪見」や「雪の中で入る温泉」です。そういう広い意味での「雪のある日本」の需要も含めると、この分野にかなりの市場があると予測されます。

ヒント20
日本のスキー場はハードとソフト、両方が整っていることが強み

日本旅行が「初めて自然に触れるチャンス」

キャンプ場、自然学校にも注目が集まっています。

中国でもインターナショナルスクールなどに通っている子どもは、そういうところに

木登りやアスレチックが魅力的なコンテンツになり得る（写真提供：王芳氏）

行ったことがあるのですが、一般の学校に通っている子どもは、まだあまりキャンプ場や自然学校に行った経験がありません。

同社では裏磐梯、黒姫などに自然学校を持っており、アスレチック、植物観察、ラフティング、マウンテンバイク、ホタル観賞、星空観賞などのアクティビティのメニューが充実しています。

また、カレーやピザを自分たちで手作りしたり、農作業をしたりするなど、中国ではできない貴重な体験もできます。

「日本では小学校や中学校の生徒がみんなでキャンプに行く経験があると思うのですが、中国ではまだ一部の人しか行けません。木登りをするという〝日本では平凡な経験〟も、中国ではとても珍しいことなのです。**自然学校やキャンプは、中国人の親が一緒についていくことが多い**です。ですので、子どもが自然学校に行っている間、ご両親も楽しめるよう、別の観光プランも用意しています」（王氏）

ゴルフ場も同様で、次第に人気が出てきています。また、グランピング（ホテル並みの施設やサービスを提供しながら行うキャンプのこと）にも取り組もうと、同社では本格的な設置に向けて動き出しています。

日本の自然はとても美しく、空気もおいしい。**中国は広大ですが、一般の中国人はまだやったことがないスポーツが案外たくさんあり、そういう面でも中国より進んでいる日本で中国人観光客を呼び込める余地は大きい**といえるでしょう。

ヒント21
「子どもは自然学校、親は観光」というニーズもある

日本の美容院を訪れる中国人女性たちが増えている

中国人の日本旅行の関心事が多様化していることは何度もお伝えしてきましたが、エステやマッサージ、美容もそのひとつといえるでしょう。

モッズ・ヘアといえば、フランス・パリ発祥の美容サロンとして有名です。日本への進出は1978年と古く、17年10月現在、日本全国に67店舗を構えています。

モッズ・ヘアを展開するエム・エイチ・グループでは歴史とブランドを守りつつ、中国展開も進めています。中国には17年10月時点で、北京、上海、南京、大連、重慶などで16店舗を展開しています。

同社の社長で中国出身の朱峰玲子氏によると、同社は17年から、美容関係のインバウンド関連企業と提携し、中国人観光客の受け入れを開始。受け入れ店舗は、東京・虎ノ門ヒルズにある「モッズ・ヘア オン アンダーズ東京」が中心です。ここは景色が素晴らしく、晴れた日は富士山がよく見えるので、中国を始め、海外からの観光客にも好評だからです。通訳などの問題で、インバウンドの顧客を受け入れられる店舗はまだ限られており、東京の銀座、新宿、池袋などのほか、京都、福岡、仙台、札幌の店舗が対応しています。これらの店舗には中国語と英語のマニュアルも用意しています。

完全予約制なので、個人旅行の計画に合わせて、提携会社経由で予約が入ったり、社長自身や中国人スタッフ経由で予約が入ることもあるそうです。通訳は社内の中国人スタッフがつとめています。

「当初は1カ月20人くらいから送客を始め、人数は少しずつ増えていっています。美容院ですので、一度に大勢の人を受け入れることは不可能。私たちは量よりも質を重視しており、1人のお客様に丁寧な接客や美容技術の高さに満足していただけたら、それが自然とクチコミで広がっていくと考えています」

「インバウンドを開始して以降、**来店したお客様がウィーチャットに写真と文章を書き込んで宣伝してくれたり、中国で流行しているネットの生中継をしてくれた方もいます。**私たちとしては、一人ひとりのお客様を大事にし、真の美を追求するお客様に来店していただきたいと思っています」（朱峰氏）

単価3万円という優良顧客にリピーターが増えつつある

顧客は主に30代前半の流行に敏感な女性が中心で、20〜50代もいます。企業経営者や会社員など職業はさまざまで、定期的に来店する人もいます。

特徴としては1人当たりの単価が3万円ほどで、平均単価よりも高めであること。ときには5万円ほどの利用もあります。トリートメント剤も最もランクの高いものを使用することが多いからで、欧米で流行している色にカラーリングするという人もいます。**日本人の場合、欧米で流行している色にカラーリングする勇気はないという人が多いですが、中国の女性は思い切ってやってみたい、という人が比較的多い**といえます。

もちろん、カット技術など美容師の高い技術を求める気持ちも強いです。せっかく日本にやってきたので、中国よりも技術的にすばらしい美容師にやってもらいたいという要望もあります。それに加えて、接客やサービス、美容サロンの雰囲気、リラックスできる環境といったものも求められています。

中国の美容サロンは技術レベル、サービスレベルの両面で、まだ日本のレベルには達していません。日本の場合、美容院の数が非常に多く、全国に約24万軒あり、これは信号機の数より多いといわれています。とくにバブル期の80年代は多かったのですが、人口減少や景気減速などの理由により、日本では淘汰の時代に入ってきました。

今後、同社では、日中美容の相互交流を増やしていく予定です。朱峰氏によると、中国のモッズ・ヘアで働く美容師を日本で受け入れて研修を行う予定で、技術はもちろん、美容サロンの経営やサービス、経営ノウハウなどを指導していきます。日本では「カリスマ美容師」などの言葉もあるように、美容師の地位が上がってきていますが、中国ではまだそこまでの地位はありません。

「中国でも美容師がプライドを持っていい仕事ができるようになればと思い、そのお手伝いをしたい」と朱峰氏はいいます。中国の美容師にとっても、日本のいいお手本を見ることにより、刺激となり、モチベーションアップにつながるでしょう。

同社では中国の雑誌にも情報提供しています。『瑞麗《ルイリー》』という人気女性誌には、同社のトップ美容師の写真や記事が掲載されました。日本の最先端の美容技術を持つ美容師の話が載った記事は中国でも人気で、よく読まれています。

「**日本にはすばらしい技術や伝統、ブランドがありますが、これを維持していくためにもインバウンドを行い、中国との相互交流を行いながら、双方がウィン-ウィンの関係になることが大切**だと考えています」（朱峰氏）

ヒント22 最先端の美容技術は流行に敏感な中国人女性を惹きつける

人間ドックから美容整形まで、医療への関心が高まっている

医療インバウンドに関しても、今後、大きな市場になっていく可能性が高いです。

中国人に日本の病院を紹介し、医療通訳を派遣している日本医通佳日（ＥＴＥＭ）と

いう中国系企業と、日中医療交流や医療通訳者の養成を行っている一般社団法人・日中医療交流促進協会（ＪＣＭＥＡ）を紹介します。

日本医通佳日は「日本でどの病院を訪れたらいいかわからない」「日本語の説明が理解できない」と困っている中国人の患者が多いことから15年に設立されました。中国は急激に経済成長しましたが、医療機関の数はまだ限られており、どの病院も常に混雑していて、医療水準の面でも日本に比べて遅れているといえます。

最新の設備を導入している病院もあるのですが、まだ熟練したスタッフが十分いるとはいえません。そうした中、**健康に対する意識が高い富裕層が日本に健康診断や精密検査にやってきています**。

同社ＣＥＯの徐磊氏は「医療関係者のご紹介を経て、東京を中心とした医療機関、20数軒と提携しています。この中には美容整形外科も含まれています」と話します。

やってくるのは、同社が中国語で発信しているウェイボーやウィーチャットを見て申し込んできた個人や、北京、上海、福建省にある同社のビジネスパートナーから紹介されてくる人々。申込者の希望の日程や、検査したい内容など詳細を聞き、その人の症状に適した病院を紹介しています。

中国人が検査を希望するのは、いわゆる健康診断、人間ドック、がん検診、PET－CT、MRIなどの総合的な検査です。年齢は30～50代の男女が多く、出身地は北京、上海だけでなく、内陸部などさまざまな都市に広がっています。

これまでの紹介実績は、東京のがん研有明病院、東京医科大学病院、甲状腺専門の伊藤病院（渋谷区）、さとう消化器内科クリニック（豊島区）、西台クリニック画像診断センターなど。美容整形外科では、アンチエイジングの治療を希望する人が多く、ヒアルロン酸注射やボトックス注射、美容整形手術などを行っています。提携先は自由が丘クリニック、ドクタースパ・クリニック、赤坂MORIクリニックなどで、ほかに美容と関連性のあるヘアメイク・サロンも紹介しています。

「健康診断や美容整形手術は、どの場合もすべて、弊社から医療専門の通訳が随行します。医療、美容についての専門用語をマスターした専門通訳をつけますので、患者の方々に安心していただけますし、提携先病院の医者やスタッフにも喜ばれています。診療のあとは、診断結果などのレポートも必要に応じて翻訳して渡しています。これまでの総患者数は延べ数千人に上っています」（徐氏）

医療事業者と中国客の橋渡し役の育成が必要

日中医療交流促進協会では、医療・美容通訳士の養成講座と日中医療交流活動の２つを行っています。医療・美容分野に特化した通訳はまだ不足しているのが現状です。医療通訳は、どのような検査や病気の通訳でも等しく重要で、命に関わることですが、とくに顔の美容整形手術の場合、わずかな通訳ミスが、一生取り返しのつかない事故につながりかねませんので、責任重大です。

そこで、通訳を派遣するだけでなく、業界全体の品質向上と信頼のために、16年から医療通訳士を育成する講座をスタートさせました。現在は東京以外に、名古屋、福岡など各地で遠隔の通信講座も行っています。

徐氏によると、受講者は在日歴10年以上の中国人がメインですが、日本人の受講者もいます。主にインバウンド業界で仕事をしてきた人、一般の通訳として仕事をしてきた人、これから医療通訳をやってみたいと思っている人などが申し込んできます。

講座では日本語の基礎を教えるのではなく、医療・美容分野の専門用語のみを指導し、実際に医者と患者のやりとりを想定した実習なども行っています。診療科ごと、手術ごとに関連する専門用語も詳しく学べるようにするなど、実践型の授業を特徴としています。美容整形手術は、部分麻酔ということもあり、通訳が手術室に入ることもあります。

授業は週末に行い、10回で1コース、講師は日本の医学博士号を持つ中国人や日本人の医師、専門家が担当します。卒業試験も実施しており、協会では合格点に到達した人だけを認定しています。

医療インバウンドでは、これまで医療現場での通訳やガイドの通訳・翻訳の品質がバラバラだという問題がありましたが、もし、いい加減な通訳がいた場合、業界に対する悪評が広まってしまい、やがて業界全体が衰退していくことにもつながりかねません。

業界を盛り立て、信頼できる質の高い通訳を揃えることが、患者や医療機関に対して

の責任はもちろん、業界全体の信頼にもつながり、とてもいいことだと思います。

また、協会では中国に住む通訳士にも遠隔で授業を行っています。これまでに、日中両国で講座を受けた全受講者のうち、約8割が合格し、現場で活躍しています。

協会のもうひとつの大きな活動として、日本の医師と中国の医師の交流会や意見交換会なども行っています。

「17年には上海の復旦大学付属華山医院で、中国人と日本人の医師の交流会を行いました。中国の医師たちは日本の医療水準や技術、病院経営全般について関心があり、現状を知りたがっています。日本の医師も中国の医療状況を把握したり、意見を聞いたりしたいと思っていますので、直接交流はもっと行っていきたいと思っています」（徐氏）

17年9月には、上海の日系百貨店に日本のメイクアップ・アーティストを招き、デモンストレーションを行って「ジャパン・ビューティー」のメイクの紹介をしたり、日本での美容整形の安全性を解説したりしました。

日本と比べ、**中国の美容整形業界は歴史が浅く、これまでは韓国に手術に行く女性が**

多かったのですが、最近では日本の美容整形の安全性が注目され、日本で手術を受けたいという女性が増えています。とくに20〜30代の若い女性は、美容に対して貪欲で、意識も高いので、今後美容のために来日する女性は増えていくでしょう。

ヒント23
安心・安全が求められる医療・美容だからこそ大きなニーズがある

インバウンドの延長線上にある越境ECの人気が高まっている理由

中国でアリババに次いで人気が高いショッピングサイトといえば、JD.com京東《ジンドン》。JD.com京東は04年に創業した中国企業で、年間のアクティブユーザーは約2億6000万人。自社の物流システムもあり、大型倉庫が約330カ所、配送ステーションは約7000カ所を所有、中国の99%の人口をカバーしています。海外70カ国の商品を扱う越境EC「京東全球購」(JD Worldwide)では、約2万ブランド、1000万アイテムを扱っています。

越境ECとは、インターネット通販サイトを通じて海外の商品を購入することです。

同社は15年6月に日本の商品だけを専門に扱う「日本館」をオープンしました。JD.com京東日本 JD Worldwideビジネス開発ディレクターの郭季柔氏によると、海外製品の中で、**アメリカの次に人気があるのは日本製品**です。

アメリカ、日本、オーストラリア、韓国の順で人気があり、「日本館」で販売している商品は、ファッション、衣料、インテリア、雑貨、カー用品、家電、食品など多岐に渡っていますが、とくに売れているのは、上位から「ベビー・マタニティ用品」「日用雑貨、化粧品」「食品、健康食品」です。中でも、ベビー関連商品は、かわいいデザインや機能性、安心・安全という評判もあって、一人っ子が多い中国で大人気です。

日本で「爆買い」ブームになったときには、日本の商品の売上高は前年比3桁増という急成長を遂げました。「爆買い」によって日本製品のよさを初めて知り、その後、中国人の旅のスタイルは変化してきました。**越境ECを通して日本の商品がすぐに手に入るようになったので、旅行では買い物以外の楽しみ方をする人も増えてきています。**

越境ECのメリットを端的にいえば、海外に行かなくても、海外の商品を好きなときに、好きな時間に買えること。旅行によってさまざまな商品の知識を得て、買い物への関心が高まっているので、日本で「爆買い」をしなくても、買い物そのものへの熱が冷めたわけではないと思います。

同社が行った調査では、越境ECでの購買動機は「品質保証ができている」（61％）、「コストパフォーマンスが高い」（59％）、「中国国内で買えない」（52％）、「このブランドが好き」（46％）などの回答があります。商品については、「豊富で選択肢が多い」（43％）、「海外で購入した経験があり、使い続けたい」（35％）という声もあります。

まず海外で購入して、越境ECでリピート買いをする人が増えてきましたので、越境ECもインバウンドの延長線上にあると思います。

中国政府は16年4月に越境ECに関する税制度改革を行いました。海外商品を国内で買う場合、関税は通常30～50％かかりますが、越境ECの場合、2000元以下であれば税金はほとんどの場合11・9％（1人年間2万元まで）です。この制度は当初17年末までの予定でしたが、18年末までに延長されました。

このように、税金の優遇があることも、利用者にとってメリットです。

配送は、日本からの配送と、中国の保税倉庫からの配送の2通りあります。日本からの配送は3日～1週間程度、保税倉庫からの配送は最短で翌日、長くても3日程度で届きます。配送先は自宅だけでなく、勤務先に送付するケースも少なくありません。配送ステーションでのピックアップや指定の場所への配送もできます。

日本でよい商品を発掘したいと17年より営業活動を開始

同サイトの利用者は北京、上海、広州などの沿海部や内陸部の四川省などで、利用者の60％が女性、20～30代が中心です。

特徴的なのは、比較的学歴が高く、海外の情報やトレンドに敏感な女性が多いという点。利用者の80％は**スマホを使って購入**しています。同社はウィーチャットと提携しており、**ウィーチャット内のアプリを介して購入している人も多い**です。日本でも同様ですが、スマホで検索していくうちに、その人の好みに合った情報が次々と流れてくる仕組みになっていますので、またリピートして購入する人が増えています。

郭氏によると、日本企業からも自社の商品を扱ってほしい、という希望や問い合わせが増えています。同社としても、今まで以上に日本でよい商品を発掘したいと思っており、17年に本格的に日本市場での営業活動を開始しました。

「出店条件は一定ではありませんが、『日本館』のラインナップをもっと充実させたいと思っています。売れ筋はベビー関連や日用品、雑貨が中心ですが、最近は『無印良品』や『フランフラン』のようなシンプルで飽きの来ないインテリア系の商品も人気があります。**取り扱えない商品は、輸入規制のあるごく一部の商品（タバコ、1都9県の食料品など）を除いて、ほとんどありません**」（郭氏）

日本からの問い合わせで多いのは「本当にこの（中国の）サイトで販売して、私たちの商品が売れるのか？」「ブランドイメージを維持できるのか？」という質問。日本企業の中には、まだ「JD.com京東」のことを知らない人もいて不安だからです。

同社はサイト上で「正規品」であることを強調し、価格管理についても企業側の意思を尊重しています。越境ECを始める際、日本企業では「中国語ができるスタッフがいない」などの問題で躊躇することもあるでしょうが、中国語のサイトを制作する代行会社があり、日々の商品ページについても、ともに問題を解決していくことができます。

このほか、日本関係の越境ECサイトはInagora（インアゴーラ）が運営する「豌豆公主《ワンドゥゴンジュ》」などがあります。

越境ECを通して、日本の商品を中国で販売できるチャンスはたくさんあります。アリババやJD.com京東のサイトで販売されている商品だけでなく、日本には中国人が知らない、すばらしい商品がまだ埋もれていると思います。

そういう商品を**中国に向けて情報発信し、直接販売していくことは、縮小しているといわれる日本の市場を拡大させていくことにもつながる**のではないでしょうか。

ヒント24

越境ECを通して日本の商品を販売できるチャンスはたくさんある

第4章

「スマホがすべて」。中国人の劇的な変化からわかること

EPISODE 4

超キャッシュレス社会に突入した中国

本章では**中国の国内事情と中国人のライフスタイルの変化を紹介**していきます。

北京や上海の空港に到着すると、真っ先に目につくのがスマホを持つ人々です。ほぼすべての人が手にスマホを持ち、一心不乱に操作しています。

市内に移動したら、視界に飛び込んでくるのはシェア自転車の波です。シェア自転車は、16年秋ごろから突如として北京や上海の町中に出現しました。

色とりどりのシェア自転車にスマホ——これが17年の中国を象徴するトレンド・アイテムといっていいと思います。

中国人はスマホを使って、一体、何を行っているのでしょうか。一つはさまざまなアプリの操作。もう一つは**支払い（決済）**です。

17年10月現在、中国でのスマホの普及率は約70％。日本のスマホ普及率が約40％なので、いかに中国で急速にスマホが普及したかわかるでしょう。

スマホの普及当初は、電話として使うのはもちろん、ウィーチャット、QQなどのメッセージアプリの利用が多かったのですが、14年にテンセントという企業がウィーチャットペイという第三者決済サービスを開始してからは、ウィーチャットの中の「ウォレット機能」を使って決済する人が増えてきました。

それ以前、04年から電子商取引大手、アリババが運営する決済機能、アリペイもありました。アリペイもスマホ決済に移行し、**現在ではアリペイとウィーチャットペイの2つが中国の2大決済機能として幅広く利用されています**。

決済できる範囲は「日常生活における支払いのほとんどすべて」です。

コンビニ、レストラン、スーパー、百貨店、交通カード（地下鉄やバスのプリペイドカード）、新幹線、航空券、病院、出前、映画や観光施設の入場券、光熱費や家賃の支払い、年金の受け取り、ローンの返済、お年玉、個人間の送金……。ありとあらゆるものがスマホ決済できるようになりました。

日本にもコンビニで使える電子マネーや、ＬＩＮＥペイ、アップルペイといったスマ

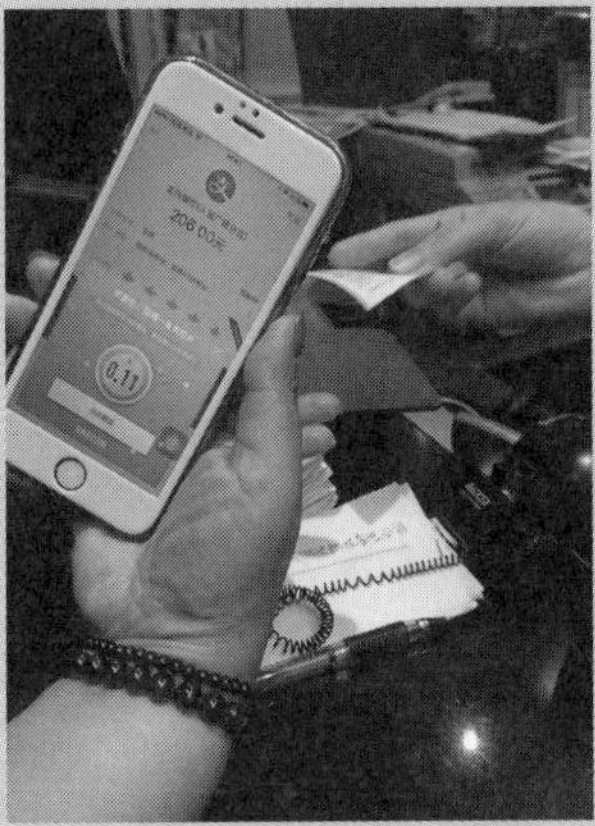

レストランでのスマホ決済の様子

ホ決済はありますが、利用できる機種や店舗は限られており、多くの日本人に普及しているかというと、まだそうではないと思います。

その点、アリペイとウィーチャットペイの普及は目を見張るものがあります。日本銀行が16年末に行った調査によると、中国では回答者の98％が過去3カ月にモバイル決済を「利用した」のに対し、日本では「モバイル決済を利用している」と答えたのは6％にとどまっています。

中国の調査会社「易観」によると、17年3月の時点で、アリペイの利用者は約4億人、ウィーチャットペイの利用者は約8億3000万人で、レストラン、コンビニなどでは、両方と契約しています。

ヒント25

アリペイとウィーチャットペイが決済機能として広く利用されている

この20年で劇的な変化を遂げた中国、隣国を見る目が変化していない日本

キャッシュレス化が一気に進んだことで、中国人は〝財布を持たない生活〟に突入しました。都市部だけでなく、内陸部でも、この傾向は見られます。むしろ、パソコンがあまり普及していない内陸部のほうがキャッシュレス化は進行しているといってもいいかもしれません。

このように中国人は日常生活のすべてをスマホ1台で済ませられるようになりました。

私は17年10月に『なぜ中国人は財布を持たないのか』（日本経済新聞出版社）という

本を出版し、中国の急速なキャッシュレス化や、成熟化する中国人の生活について書きました。その際、このタイトルを見た人々からのリアクションは、私の予想を超えるものでした。

中国が猛烈な勢いでキャッシュレス社会になっていることを知っている人は「実にタイムリーなタイトルですね！」といってくれたのですが、そういうふうにいう人は最近の中国人の劇的な変化を知っている人です。

しかし、こんな声があることに私は驚きました。

「えっ、中国人は昔から財布を持たなかったじゃないの？（何を今さら？）」

確かに、いわれてみればその通りです。こういう意見をいう人は20〜30年前の中国をよく知っている人で、かつ、最近は中国に行っていない（中国の変化を目の当たりにしていない）人々です。

そういう人は、「何でそんな（当たり前の）ことが本のタイトルになるの？」と考えるようです。これを見て、私は苦笑するとともに、ある種の感慨に耽りました。

私は１９８８年に中国に留学しましたが、当時の中国のお金（紙幣）はボロボロで、まるで紙クズのようでした。中国人はそのお金（紙幣や硬貨）をポケットに突っ込んで持ち歩いていました。しわしわだったからか、財布があまり売っていなかったからか、正確な理由はわかりませんが、とにかく、財布を持っている人は、少なくとも私が知る限り、ほとんどいませんでした。

90年代半ば頃、ある日本人の友人は私にこんなことをいいました。

「中国の町中で決して財布を出してはいけませんよ。財布を持っている＝外国人＝お金持ち、と思われるからです。スリに目をつけられますから」

これを聞いて、私は「なるほど」と思ったものでした。

しかし、２０００年代の急激な経済成長によって豊かになり、財布を持つどころか、億ションを買う人まで現れ始めました。中国でも財布を持つことは当たり前となり、色とりどりのファッショナブルな財布が流行しました。

ですが、そんな生活は20年も続かなかったと思います。ＩＴの発展でスマホ決済ができるようになり、中国人は再び財布を持たない生活へと舞い戻ったのです。ですから、

同じ「財布を持たない」でも意味が異なるのです。

でも、このタイトルを見た人々のリアクションを見て、**この二十数年でいかに中国が大きく変化し、また、中国人を見る日本人の目がいかに変化していないのか**ということを知る、よいきっかけになりました。

ヒント26 中国の劇的な変化を知っている日本人は多くない

シェア自転車という新しいビジネスが成功した理由

16年後半に出現した新ビジネスの代表的な存在がシェア自転車です。時間と距離で料金を支払うレンタル自転車ですが、**中国のシェア自転車はスマホ決済を前提として開発されたビジネス**です。

シェア自転車ビジネスを行っている企業は十数社ありますが、中でも抜きん出ているのはオレンジ色が目印の「モバイク（摩拜単車）」と黄色が目印の「ofo（共享単車）」の2つです。

シェア自転車の使い方は極めてシンプル。まず、事前に登録していたアプリを開き、GPSでシェア自転車の設置場所を検索します。するとスマホ上の地図に、自分の位置とシェア自転車がある位置が表示されます。**北京や上海などの大都市ならば、徒歩5分以内の距離に、必ずといっていいほどあります**。

タイプや機種によって手順は少し違いますが、スマホを自転車に取り付けられたQRコード（二次元バーコード）にかざし、スキャンすればすぐに解錠できます。終了するときにも、スマホをかざし、終了ボタンを押せばロックがかかる仕組みです。

スマホ上に移動距離や料金、消費カロリーなどが表示され、その瞬間に決済も完了します。もちろん、決済機能とひもづけしておくことが前提です。

料金は会社によってまちまちですが、17年11月現在、モバイクの保証金は299元（約4800円）で30分の利用はわずか0・5元（約8円）。スポンサーからの投資によ

中国の街中で見かけるシェア自転車

って料金が安く抑えられていて、手軽で便利なため爆発的に普及し、あっという間に庶民の足になりました。

北京や上海などの大都市では、都心にあるオフィスに通勤するのに、郊外の自宅から1時間以上もかかる人が少なくありませんが、シェア自転車ができてから、これを利用する人が非常に増えました。また、出勤後の外出、週末の外出でも徒歩10分以上の距離はシェア自転車に乗る人が増えました。

シェア自転車がここまで爆発的に増えた理由のひとつは、前述したように、最寄り駅やバス停から自宅までの距離が遠く、大都市の場合、地下鉄交通網も東京ほどは発達していないこともあり、近距離間の移動に便利だということ、料金が安くて誰でも使いやすく、盗難の心配もないことです。

もう1つは、中国はもともと自転車大国だったということ。以前、大都市の地下鉄網が日本のように整備されていなかったため、近距離の移動はバスか自転車でしたが、バスは混雑して乗れないことも多く、必然的に中国人の移動は自転車が中心でした。そのため、歩道と車道の間には自転車専用レーンがあったり、歩道の脇にも自転車置き場がたくさんあり、自転車が走りやすい環境が以前から整っていたことが挙げられます。

しかし、**最大の理由は、やはりスマホで決済できるという点**でしょう。政府はインターネットと産業を結びつける「インターネット＋」を推奨していますが、スマホ決済できるシェア自転車ビジネスは、政府の方針に合致していて、一挙に市場に大量投入されたこと、デザインがおしゃれでカッコいいことから、爆発的なブームになりました。

ヒント 27

スマホ決済がビジネスの大前提になっている

中国で広がるさまざまなシェアビジネス

その他にもシェアビジネスは広がってきています。代表的なのはタクシー。タクシーの配車アプリ「滴滴出行《ディディチューシン》」は、アメリカ発の配車アプリ、ウーバー（Uber）とほぼ同じシステムです。

使い方は、まずスマホで滴滴出行のアプリを開き、自分の位置をGPSで発信して周辺にあるタクシーを探します。その中で近くにいるタクシーが手を挙げて迎えにきてくれるというもので、スマホの地図上でタクシーが自分のいる場所まで向かってくる様子までわかるようになっています。

この滴滴はタクシーだけでなく、一般の自動車もあります。

このアプリに**登録できる運転手になるには一定の審査と車種の決まりなどがあります**が、**それをクリアすれば、一般の車を持つ人が登録でき、タクシーと同じ業務が、いわ**

ば「アルバイト感覚」でできるのです。

昼間は企業で働き、夜の2時間だけ、このアルバイトをする中国人も増えています。

他にも、たとえば「途家《トゥージア》」は一般住宅などの空き部屋に旅行者を紹介するアプリです。「美団外卖《メイトゥアンワイマイ》」や「餓了么《アーラマ》」などは出前のアプリ。「回家吃飯《ホイジアチーファン》」というアプリは家庭料理の出前で、その名の通り「家に帰ってご飯を食べよう」という意味です。店で作ったプロの味ではなく、家庭料理を出前するというもの。日本では衛生面で問題になりそうですが、中国ではシェアビジネスとして成り立っています。

ヒント28
中国では日本よりもずっとシェアビジネスが普及している

日本人が知らない
今どき中国人の驚きの日常生活

劇的にスマホに依存する生活へとシフトした中国人は、どんな日常生活を送っているのでしょうか？

上海に住む28歳の男性会社員の生活を例に取って紹介しましょう。

男性は内陸部の出身で、北京の大学を卒業後、そのまま北京の企業に勤務しています。通勤の際、以前は地下鉄の駅まで徒歩10分、駅から会社の最寄り駅まで3駅乗っていましたが、現在では自宅から会社までシェア自転車に40分乗って通勤しています。

会社ではパソコンとスマホの両方を駆使します。パソコンにもスマホにもメッセージアプリのウィーチャットが入っており、それで仕事の取引先とメッセージのやりとりをします。

日本人のようにメールも使うのですが、北京や上海に住む中国人ビジネスマン（20〜40代）に聞いたところ、**メールは正式な文書として使い、日常的なやりとりはウィーチ**

ャットで行うことが多いとのこと。メール以上の頻度で、ウィーチャットのダイレクトメッセージもコミュニケーション手段として使っています。ウィーチャットが普及してから、中国人は名刺交換をしなくなりました。その代わり、ウィーチャットでつながり、日常的に連絡を取っています。

ここは日本人のビジネスマンの習慣と大きな違いです。

取引先に出かけるときにもスマホは必ず持ち歩き、移動時もときどきシェア自転車に乗ります。

昼食は会社近くのレストランか、出前を取ります。前述した出前アプリで注文すると、30分以内に料理が会社に届きます。出前業者が増えたことで、都市部の人ならば、自宅でも、会社でも、どこででも出前を使う人が増えました。最近では、高校生や大学生も出前を注文することがよくあります。

夜も会社で残業するときはスマホで出前を注文。そして、シェア自転車に乗って自宅に帰るという生活です。

土曜日に祖母を病院に連れていくとき、**病院での支払いもスマホ決済**。日曜日に友人と食事をするときにも、飲食店予約サイトでレストランを予約しておき、「滴滴出行」でタクシーを呼んで乗り込みます。**レストランもタクシーの支払いもスマホ決済**ですので、ポケットに入っている現金は万が一のために用意している50元（約８５０円）だけです。

中国人の日常生活を知ることがインバウンドに好影響を与えるワケ

中国人のスマホ生活は、インバウンドとは直接関係がないように思われるかもしれませんが、そんなことはありません。

私は前著のときにも感じていましたが、日本でなかなかインバウンドがうまくいかないのは、「おもてなし」の心が足りないからでも、英語や中国語ができないからでもなく、**日本人が相手（外国人）の立場になって物事を考えることができないから**ではないでしょうか。

読者の皆さんは「日本人ほど、相手の立場に立って、物事を考える国民は少ない」と反論されるかもしれませんが、そういうことではありません。

私も、日本人ほど、おもいやりを持って観光客に接することができる国民は少ないと思います。でも、それは日本人同士の場合、つまり「あ・うん」の呼吸が伝わる相手の場合です。

日本人には日本人の心がよくわかり、察することを得意とする日本人は相手の心のうちを慮ることができるのですが、その対象が外国人になったときは、少し難しいように思います。

もちろん、「アメリカ人は箸を使えないから大丈夫か」など簡単なことはわかるのですが、**相手が母国でどんな生活をしているのか、には想像が至らない**ようです。

島国の日本で育った日本人は、同じ地域社会の中で育った人々のことは「村の仲間」であり、よくわかるのですが、外国人のことは、心のどこかで「怖い」「得体が知れない」と思っていて、あまり知ろうとしないのではないかと思います。悪気があるわけではなく、まだあまり慣れていないのです。

とくに**誤解が起きやすいのは西洋人よりも顔や身体つきが似ている中国人や韓国人が**

相手の場合です。「わかったつもり」になってしまうことが多く、また、日本人は昔の中国人のイメージを引きずっているため、「思い込み」で判断してしまいがちです。

中国人の日常生活は爆買いがブームになった15年よりも、さらに大きく、劇的に変化しました。

今の中国人がどんなふうにスマホを使った生活をしているのかを知ることは、インバウンド関係者にとってもとても大事なことです。相手（人間）に興味を持つことがインバウンドの第一歩でもあるからです。

ヒント 29

相手の立場になって考えてみないことにはインバウンドはできない

中国最大のＳＮＳ、ウェイボー（微博）

中国人はとにかく世界中のあらゆる情報をスマホから入手しています。**とくに使っているアプリは中国発のウェイボー（微博）とウィーチャット（微信）**です。

中国ではフェイスブックやLINE、ツイッターは政府の規制により、基本的に利用できません。ですので、ウェイボーとウィーチャットの2つはインバウンドを行う上で重要です。自分自身がやらなくても、内容はある程度理解しておいたほうがいいでしょう。

ウェイボーとは中国語で「微博」と書きます。以前、日本では「中国版ツイッター」や「中国版ミニブログ」とカギカッコをつけることが多かったのですが、最近では知名度が上がってきました。

ウィーチャットと比べると、ウェイボーは公共性があり、ウェイボーに登録していない人でも、誰かが発信したウェイボーを（見られる人を限定したウェイボー以外は）見ることができます。この点でも、ツイッターと似ていると思いますが、文字量はツイッターのように制限があるわけではなく、ブログのように長く書くことができます。

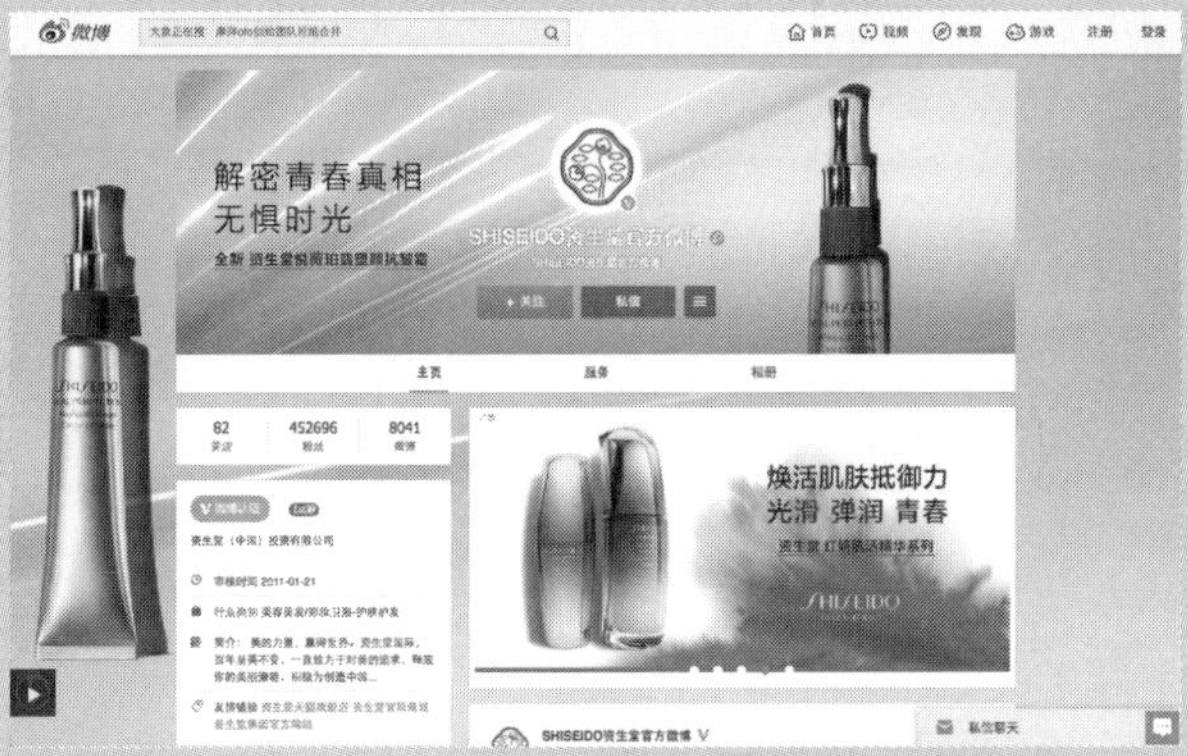

資生堂のウェイボーにおける公式アカウント

中国企業の場合、特徴的なのは会社のホームページだけでなく、ウェイボーの公式アカウントを重視しているという点です。**会社のホームページはないけれど、公式アカウントなら持っている、という企業もたくさんあります。**

日本では、公式ホームページが優先されることが多いですが、中国ではそんなことはありません。小さな企業や飲食店チェーンでは、ウェイボーだけでしか情報発信していないところもあります。

中国のバイドゥで企業名と「微博」の2つを入力すると、その企業のウェイボーが出てきます。

たとえば、「資生堂微博」と検索してみると、右のようなページが出てきます。いくつか、**自社と業種が近く、中国からのインバウンドに力を入れている企業の公式アカウントをチェックしてみるといいでしょう。**

ウェイボーの公式アカウントの取得方法はインターネットで検索すると、すぐに見つけられます。ウェイボーにはこれまで運営している会社ごとに新浪微博《シンランウェイボー》、捜狐微博《ソーフーウェイボー》などいくつかありましたが、**現在はほぼ新浪微博が独占状態**となりました。

新浪は中国で09年にサービスを開始し、11年までに登録ユーザー数は１億人を突破。16年に日本法人である新浪日本微博が設立され、広告、ＰＲなどの活動を行っています。

新浪日本微博のホームページによると、ウェイボー全体のアクティブユーザーは１日１億４０００万人、投稿数は１日１億３０００万回、世界で７億人以上が使っています。

ユーザーは男女50％ずつで、17～33歳までの利用が80％を超えています。ユーザーの学歴は大卒以上が76％で、北京、上海、広州など沿海部の人が目立ちます。利用の９割はモバイル。このことから、ウェイボー利用者の輪郭が見えてくるでしょう。

ウェイボーの開設（申請費用と書類が必要）はできても、**問題はどのような投稿を行っていくか、どれくらい更新するか、というコンテンツの充実**です。

日本企業の中には「わが社はインバウンドのため、ウェイボーの公式アカウントを持っている」と自慢する人がたまにいるのですが、公式アカウントを保持しているだけでは、何の意味もありません。

定期的に内容を更新し、〝活きた〟アカウントにしなければ、ウェイボーをやっていないのと同じです。

日本企業では、公式ホームページの感覚があるせいか、「とりあえず、作った」ことに満足してしまう傾向がありますが、作りっぱなしでは逆効果。むしろ、作らないほうがいいくらいです。

公式ホームページの企業情報やアクセス、会社の沿革は内容があまり変化しないので、更新しないままでもいいのかもしれませんが、公式アカウントはそういうわけにはいきません。頻繁に情報発信をしていく必要があります。また、情報発信していくからには、どのような情報を、どのくらいの頻度で、どのような文体で、どんな統一イメージで出していくのか、が重要になります。クーポンや広告の配置も含めて、総合的なバランスを考えて戦略を練らなければなりません。その上で、公式アカウントを開設するかどうかを、社内で議論する必要があります。

ヒント30

ウェイボーは定期的に更新しなければ意味がない

中国人に最も使われているSNS、ウィーチャット（微信）

ウィーチャットはウェイボーよりも後発で、11年にテンセントというIT企業が開発しました。ウィーチャットは中国語で「微信《ウェイシン》」。ウェイボーとの違いを簡単に説明すると、ウェイボーがオープンに誰でも見られるものだとしたら、ウィーチャットはクローズド（閉鎖的）、つまり、自分が許可した人だけしか見られないものです。

17年11月現在、中国でウィーチャットを使っているのは約11億人といわれています。**中国の人口の8割以上の人が使っています。**ちなみにフェイスブックの利用者は全世界で20億人ですので、いかに中国のウィーチャットの規模が大きいかわかります。

ウィーチャットは中国版LINEといわれることが多く、メッセージ機能とフェイスブックのような投稿機能があります。メッセージ機能はフェイスブックのメッセンジャーのように、一人から一人へと直接メッセージを送信できます。LINEにも似ていますが、LINEのように開封したかどうかは相手にはわからず、そのとき「オンラインにいる」かどうかも、相手にはわからないようになっています。

ウィーチャットの使い方としてとても多いのは、グループチャット機能です。グループを作って、そのメンバーに同時にメッセージを送信することができます。フェイスブックでも数人に同時送信したり、グループを作って、グループのイベント内容などを共有することができますが、中国人はもっと頻繁にこのグループチャットを行っています。

多いのは学生時代のクラスメート、会社の同じ部署やチーム、子どものPTA、家族などのグループチャットです。人によっては固定的なグループチャットが10個、20個とある人もいます。また、**中国の特徴的な使い方は、一時的に作るグループチャット**です。

たとえばAさんとBさんが仕事の取引先の関係で、すでにウィーチャットでも友だちになっていたとします。そこにAさんだけと友だちになっていたCさんを加えて、Aさん、Bさん、Cさんの3人のグループチャットを作ります。これはAさんがBさんに仕事の用件でCさんを紹介するためです。BさんとCさんはこの時点でまだ「友だち」ではありませんが、同じグループ内でメッセージのやりとりをすることができ、仕事に関して情報を伝え合えます。その後、BさんとCさんが「友だち」となる場合とならない場合があります。

このような形態のグループチャットはフェイスブック以上によくあり、**ビジネス上の紹介などで頻繁に使われています**。私自身も、取材に行った会社の方と話していて、他の方を紹介してもらったことが何度もあります。

ウィーチャットの「いいね」は特定の人にしか見えない

ウィーチャットの特性は、匿名で登録できることです。たとえば、「small stone」「mickey」「小雨」など、何でもいいのです。自分で好きなニックネームをつけて登録します。もちろん、実名で登録する人もいますが、どちらでも自由です。

ウィーチャットの「友だち」になる方法には、共通の「友だち」から紹介してもらう、携帯電話番号で相手を検索する、直接QRコードをスキャンする、などがあります。**中国は日本に比べて、同姓同名が多く、フェイスブックのように、過去にメールのやりとりをしたことがある人や共通の友人が多い人を自動的に紹介するような機能は備わっていないため、友だちが自然に増えていく、ということはありません。**

ウェイボーと違って、匿名で登録でき、自分が許可した友だちしか繋がることがないため、一般的に**ウィーチャットはウェイボーよりも自由度が高い**といえます。そのため、政治的な問題を書く人もいます。非常に微妙な問題は書けませんが、ある程度の自由は許されています。

メッセージ以外の主な機能としては、「モーメンツ」という投稿機能があります。フェイスブックでいう「タイムライン」のことです。自分の友だちが投稿した文章や写真が流れてきます。「いいね」（ウィーチャットの場合はハートマーク）を押したり、コメントを書いたりできるようになっています。フェイスブックと同じように、「友だち」になっていても、その人の投稿を見えなくする（逆に、自分の投稿をその人に見せなくする）ことも可能です。

モーメンツでは、日本人がフェイスブックやツイッターに書いているのと、ほぼ同じようなこと（自宅で飼っているペット、レストランのおいしい料理、旅行先の風景、仕事での成果、家族写真など）が書かれています。

フェイスブックと違うのは、自分が友だちのKさんに「いいね」を押しても、それが見えるのはKさんと、Kさんと自分の共通の友人だけ。Kさんの別の友だちには、自分が押した「いいね」は見えません。

このように、フェイスブックよりも**閉鎖的なSNSがウィーチャット**です。ちなみに、同じウィーチャットでも中国でダウンロードする「微信」と、日本でダウンロードする「ウィーチャット」では画面の表示が少し異なります。

ウィーチャットの購読アカウントとサービスアカウントとは

少し専門的な話になりますが、ウィーチャットには、企業バージョンもあります。購読アカウントとサービスアカウントと呼ばれるものです。

どちらも企業が自社のPR用に制作するもので、ウィーチャット上に流れてくるものです。**開設するための代理店が日本にはいくつもあり、ウィーチャットを使う中国人にアピールしたい日本企業のお手伝いをしています**。

購読アカウント（訂閲号《ディンユエハオ》）とは、毎日記事を配信できるアカウントのことです。主に読み物が中心で長文も掲載できますし、急なセールの告知などにも対応できます。企業だけでなく、個人でも申請して認可されれば開設できます。

たとえば、私は日本の旅行関係の購読アカウントをいくつかチェックしており、それらから大量の情報が流れてきます。

購読アカウントは、他の友だちの投稿と同じモーメンツには流れてきません。「購読アカウント」という欄を押すと、自分が購読しているアカウントの一覧が出てきて、それをクリックすることで読めるようになっています。

サービスアカウント（服務号《フーウーハオ》）とは、1カ月に4本記事を配信できるアカウントです。こちらは企業のみ開設でき、商品紹介などのあとに決済機能もつけることができます。

記事の内容は購読アカウントと大きく異なるわけではありませんが、**購読アカウントは、購読しているアカウント内に一覧で表示されるのに対して、サービスアカウントは自分の友だちの投稿と同じように、モーメンツで流れてきます。**

ですので、購読アカウントと違い、自然に開封する確率が高い、というメリットがあります。

実際、**大丸松坂屋など、インバウンドに力を入れている小売業などで、サービスアカウントを開設している企業は増えています。**

ヒント31 サービスアカウントで中国人向けPRを行う企業は増えている

中国人に対する知名度を飛躍的に高められるKOLとは？

企業がウェイボーやウィーチャットを行うには、当然ながらコンテンツが必要です。目を引くコンテンツを継続的に発信していくことは至難の業です。そもそも企業自身に発信するだけの商品や魅力がなければいけませんし、**文章や写真の見せ方、伝え方、中国人に伝えたいイメージや戦略も重要**になってきます。

そこで今、**多くの企業が注目しているのがKOL**です。日本語に置き換えると、パワーブロガー、インフルエンサー、ユーチューバーのような存在といってもいいかもしれません。世の中に大きな影響力を持つ、発信力のある人で、評論家や文筆家、タレントのほか、一般の会社員なども副業でやっています。

彼らは**ある社会事情やトレンド、特定の商品などについて情報発信やPRを行っています**。

日本企業でも、KOLを活用してウェイボーやウィーチャットを行っているところが増えてきました。いずれも企業や商品のイメージに合った人と契約しています。

KOLの中には、自ら特定の情報を発信しつつ、越境ECのようにサイト上で商品を販売し、利益を得るケースもあります。内容はケース・バイ・ケースですが、中国の消費者にアピールするために、KOLを活用するというのはひとつの手段であり選択肢のひとつといえるでしょう。

私が取材したウェブマーケティングに特化したインバウンド企業、クロスボーダーネクストは、ウェイボーやウィーチャットのシステム開発を行って日本企業に提供していますが、同時に、日本情報の発信に強い、日本に住む主なKOLを一元管理し、彼らの影響力などを分析し、日本企業の対中SNS戦略をサポートしています。

同社CEOの何暁霞氏はこういいます。

「中国のSNSは近年、急速に発達しましたが、日本企業からはそれをどのように自社のPRのために活用したらいいのかわからない、という話をよく聞きます。実際、費用をかけて中国語でホームページを作っても、多くの人に見てもらえなかったり、訴求したい顧客にアプローチできていないという〝ずれ〟が生じていました」

同社では商品のターゲットにマッチしたKOLを選出し、KOLのターゲットと普段の人気投稿に合わせて、テキストと写真の投稿、動画配信などを行ったり、SNSのモーメンツを使って情報を拡散しています。KOL自身の公式アカウントに広告を載せたり、ファングループを作ったりすることもあります。

KOLを使って宣伝したい企業は増えていますが、**まだKOLの定義自体、あまり定まっていません**。何氏によると、たとえば1万人以上のファンがいて、ある分野に特化しており、情報発信力のある人はKOLと呼べるそうです。KOLの主な収入源は広告費、越境ECなどの売上の一部で、前述したように、自身で越境ECの会社を起こす人もいます。

中国国内には無数のKOLがいて、それぞれの得意分野や特徴、際立った個性があります。在中日系企業の中には、定期的にKOLに情報発信してもらっている企業もあります。

在日中国人の中でも本業やサイドビジネスとして活動する人は増えています。ただし、**フォロワーが多ければ多いほどいい、というわけではありません。**

日本企業にアピールするKOLの中には、フォロワー数の多さを強調する人がいますが、**フォロワーが多くても、そのKOLの投稿によってどれだけの人が購入したか、購入に結びついた比率を確認しなければ意味がありません。**どのようなKOLを選んだらよいのか、見極めはかなり難しいと思いますが、自社のイメージと合うKOLであるかどうか、社内でよく協議する必要があると思います。

重要なのは「**企業がまず戦略やターゲットを明確にすること**」（何氏）です。宣伝ありきではなく、ＫＯＬを使って何をしたいのかをはっきりさせることが大前提です。

ヒント32 ＫＯＬを使って何がしたいのかを明確にしておかないと失敗する

網紅と動画配信

ＫＯＬとよく比較されるのが網紅《ワンホン》です。網紅とは「ネットの有名人」「ネットで人気がある人」。つまり、ネットの生中継により人気が出たネットアイドルなどを指します。

ＫＯＬと網紅の違いや境目がわかりにくく、あまり区別していない中国人も多いのですが、簡単にいうと、ＫＯＬは社会に向けて幅広く意見を言ったり、商品紹介などを行う人、企業とタイアップして宣伝を行っている人。**網紅はどちらかというと一般人に近**

いイメージで、スマホなどを介してネット生中継をする人です。

もともとはモデルや会社員、大学生などだった普通の人々が、ネットで歌や踊り、おしゃべりや一発芸などを披露して、あるいは自分の日常生活（食事していたり、家でテレビを見ていたり）をそのまま生中継するというものです。

中国語では生中継、動画配信のことを「網絡直播《ワンルオジーボー》」といいます。日本のニコニコ動画に近いものだといえば、イメージしやすいかと思います。

網紅は15年末ごろから始まり、16年から17年にかけて、中国で爆発的に流行しました。

網紅は専門のマネジメント会社と契約し、生中継している間に、そのパフォーマンスを見たファンから架空のプレゼント（たとえば自動車、花束など）をもらえるという仕組み。プレゼントは1つにつき数元から数千元までの幅があり、ネット上で受け取ったプレゼントはあとで会社を通じて換金できる仕組みになっています。

網紅の中には、日本円にして1カ月で数百万円も稼ぐ人もいます。**最近、中国の企業**

の記者会見などには、ＫＯＬや網紅も入ることがあり、記者会見を生中継することも珍しくありません。

中国の既存メディアは中国共産党の傘下にあり、情報統制されていますが、ネットを中心としたメディアや、ＫＯＬのような個人メディアは、視聴者や読者に近く、社会に与える影響力は年々大きくなってきています。中国人の既存メディアへの不信感が、個人メディアの爆発的な人気につながっています。

ヒント33

中国では既存メディアより個人メディアの影響力が大きくなっている

アリペイで変わった中国人の買い物の仕方

アリペイ（支付宝《ジーフーバオ》）は04年にネットショッピングサイト「淘宝《タオバオ》」の決済サービスとして始まった機能です。

中国最大の電子商取引企業、アリババ（阿里巴巴）集団が運営しており、当初はパソコンを使って利用している人が多かったですが、14年ごろからスマホ決済が中心となり、ネットショッピングに限らず、飲食やその他あらゆるものの支払いに使われています。

アリペイの仕組みはシンプルです。

たとえば、ショッピングサイトの利用の場合、まず消費者が商品を注文し、スマホからアリペイに代金を支払います。アリペイは販売者に注文の連絡をして、販売者は商品を発送します。消費者は受け取ると、商品に問題がないか確認してアリペイに連絡。そのまま購入する場合はアリペイから販売者に代金が支払われますが、もし不満があれば、返品するとともに、代金もアリペイから戻ってきます。

つまり、**販売者に直接支払うのではなく、消費者と販売者の間にアリペイを挟むことによって成り立っているビジネス**。アメリカのペイパル（ＰａｙＰａｌ）とほぼ同じ仕組みといっていいでしょう。

中国の消費者からよく聞こえてくるのは、こんな不安です。「必ず商品を送ってもらえるのか？」、「ニセモノではないのか？」、「騙されているのではないか？」。

販売者の側にも不安があります。「代金を支払ってもらえるのか？」、「架空の発注なのではないか？」。

日本でもネット販売にはリスクがないわけではありませんが、中国人のように、常に不安に苛まれる、ということはないと思います。しかし、中国には「さまざまな人」がいるため、お互いの顔が見えない者同士の販売には問題が山積していました。

それを解決したのが**第三者を挟むアリペイの仕組み**でした。

アリペイができたことによって、中国人のネットショッピングは爆発的に拡大したといえます。**安心して買い物ができるようになった**からです。

日本でもアリペイでの支払いを導入する企業は増えています。百貨店、専門店、ドラッグストア、コンビニ、空港などです。百貨店では、一部、インバウンド客が多い売り場（化粧品など）からですが、**導入は進んでいます**。

アリペイも、日本で利用できる施設などを利用者に告知し、キャンペーンを行い、利用を促進しています。日本ではアリババの関連会社であるアント・フィナンシャルの日本法人、アント・フィナンシャル・ジャパンが導入を統括しています。

ヒント34

中国の消費者はリスクを回避するためにスマホ決済を使っている

個人同士の割り勘もスマホ決済で済ませる

アリペイと並び、中国で最も使われている決済サービスがウィーチャットペイです。ウィーチャットはチャットアプリで、ウィーチャットペイはウィーチャットと同じくテンセントが開発した決済サービスです。サービス開始時期はアリペイよりも遅く14年ごろからですが、現在、猛烈な勢いで利用者が急増しています。

ウィーチャットペイが急速に普及した背景には、ウィーチャットの利用が関係しています。前述したように、**ウィーチャットのアプリを利用し、誰かとコミュニケーションを取ることが中国では主流になっていますが、その延長線上で支払いが行われることが**

多いため、ウィーチャットペイの利用が増えているのです。

よくあるのはこういうケースです。

私の中国人の友人のSさんはよく週末にウィーチャットペイで肉まんを買っています。Sさんの友人のお母さんが作った手作りの肉まんで、とてもおいしいそうです。Sさんは友だちとウィーチャットで繋がっていて、いつも友人が投稿するお母さんの肉まんの写真を見ていて、それを購入するそうです。ですので、そのままウィーチャットペイで支払うのは、自然な流れです。

会食の席でも同じです。日本ではレストランで割り勘にするとき、誰かが代表して支払い、1人あたり4300円だったとしたら、それぞれが財布から4300円を出そうとすることが多いです。全員のお金を集めて、それをレジに持っていくでしょう。ピッタリの金額を持っていない場合は、後で払うなど面倒なことになります。

しかし、**中国では誰かが代表してスマホで決済し、友だちはその代表者にウィーチャットペイで支払います**。友だち同士は99％以上の確率でウィーチャットで繋がっていますので、これも自然です。おつりの心配はありません。

ウィーチャットペイも、アリペイも、大きな特徴の一つは、**個人間の送金には手数料がかからない**ことです。百貨店やコンビニ、レストランなどはかかりますが、前述した肉まんなどは、個人間の送金とみなされ（中国国内での屋台など、個人事業主も同じです）手数料がかかりません。おつりを準備する必要もないため、**小さな店舗では、スマホ決済のほうが便利**だといえます。

ヒント35

小さな店舗ほどスマホ決済を導入するメリットがある

中国のウィーチャットペイも日本のLINEペイも使える決済専用端末

ウィーチャットペイは、日本に包括代理店を置いています。17年12月現在、ウィーチャットペイの包括代理店は日本に18社。その中にはネットスターズ、CHINA PAYMENT GATEWAY、アプラスなどの企業があり、テンセントのサイトでも代理店の一覧がチェックできます。

ネットスターズは09年に設立したモバイル決済サービス、インバウンドのトータルサービスを行う中国系企業で、15年8月に、ウィーチャットペイの代理店になりました。同社はテンセントの日本展開のサポートを中心に、モバイルQQ日本版の展開や、日本初のウィーチャットでの越境ECサービス、企業のウィーチャットの公式アカウント作成なども行っています。

ウィーチャットペイは15年10月から日本国内でもサービスを開始し、17年7月時点で、同社の導入数は約2000社（1万拠点）に上っています。

代表的な導入実績としては、羽田空港、成田空港、新千歳空港、大丸松坂屋、そごう・西武、東急プラザ、マロニエゲート銀座、キャナルシティ博多、日本交通（タクシー）、ロフト、ラオックスなどで、今後も利用店舗を増やしていく計画です。

同社では17年末から新しい決済サービスを開始しました。これまで加盟店の決済はほとんどアイパッドで行っていましたが、アイパッドは価格が1台5万円以上もし、さらにそのままではレシートを出すことができませんでした。端末を設置する経費がかかることも電子決済をしたい店舗にとってネックとなっていたことから、プリンター一体型の比較的低価格なQRコード決済専用端末「StarPay」を中国企業と共同で開発しました。17年10月の時点で、日本各地の商業施設などに約1000台設置されています。

これは、端末の価格が3万円台と比較的安く抑えられること、ウィーチャットペイ以外の決済機能（LINEペイや銀聯QRなど）も利用できること、日本人や中国人以外の外国人も簡単に利用できること、その場でレシートも発行できること、専用端末なので、余計な機能がついていなくて利用しやすいこと、などがメリットです。

利用方法は、まず利用者が専用のアプリをダウンロードし、クレジットカードにひもづけし、銀行から引き落としできるようにして、個人認証用のQRコードをスマホに入れておきます。支払う際、店舗に設置した端末のQRコードを自分のスマホでスキャンし、利用金額を入力します。次に決済用の認証コードを入力すれば、わずか数秒で支払

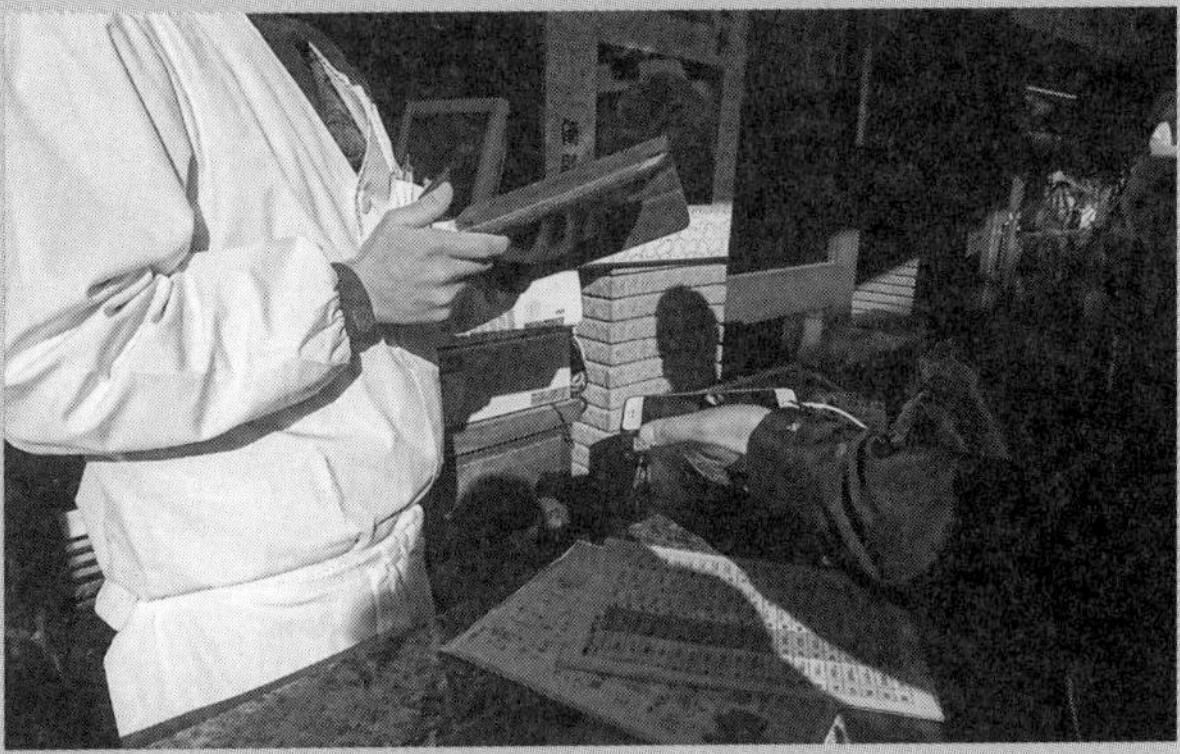

「ウィーチャットペイ」で支払う中国人客。太宰府の梅が枝餅店にて

いが完了します。同時に、店舗にも入金の知らせが表示され、入金確認ができます。

私は17年末に福岡県の太宰府天満宮に行ったのですが、その参道にズラリと並ぶ土産物店（個人店）では、**多くの店がアリペイとウィーチャットペイでの決済をすでに導入していました**。太宰府の名物「梅が枝餅」を売る店舗では、中国人観光客が10個入りの箱を買い求めているところに出くわしました。

店頭に中国語の表記があり、ウィーチャットペイでの支払いができることを知った中国人がスマホを取り出し、店員はアイパッドでスキャンして、**瞬時に決済**

を完了していました。

日本人の店員は「ウィーチャットペイで支払えるという表記があると中国人観光客の方々は安心するようです。少額の買い物でも、小銭を出す必要がないのでスマホ決済する中国人が増えましたね。こちらも、日本円での入金がすぐに確認できるので便利です」と話していました。

ヒント36 ウィーチャットペイの導入で中国語不要のスムーズな決済が可能に

中国で最も有名な銀聯カード

アリペイやウィーチャットペイがこれほど急速に中国に浸透する以前、中国人の多くは現金以外に銀聯カードを使っていました。

日本国内の小売店でも、銀聯カードの表示を見かけたことがある人は多いと思います。

銀聯カードを発行している銀聯国際の日本支社によると、同社は06年に日本で事業を開始。三井住友カード、三菱ＵＦＪニコス、ＪＣＢ、ＵＣカードなどと提携し、クレジット、デビット、プリペイドの３つのカードを発行しています。17年10月現在、日本全国の百貨店、専門店、商業施設、観光施設、個人商店など約60万店で使用することができ、ＡＴＭ、銀行、コンビニなどでも現金を引き出すことができます。

同社によると、16年に初めて、訪日外国人観光客の利用額が最も多いカードブランドになりました。

しかし、実は中国で中国人が使っている銀聯カードの９割はデビットカードとしての利用です。

デビットカードとは、金融機関とひもづけされた決済用カード。つまり、使ったら即時、引き落としされるカードです。日本にもデビットカードはありますが、日本では現金が重視され、クレジットカードやデビットカードの利用はそれほど多くはありません。ですが、**中国では現金以外のカードといえば、ほぼ銀聯（デビット）カードです。**

富裕層はクレジットカードも持っているのですが、**与信管理が厳しいクレジットカードは幅広い層には普及しなかった**のです。そうこうしている間にスマホ決済が主流となりました。

日本では近年、香港、マカオ、韓国などからの観光客も銀聯カードを使い始めています。また、日本での利用の場合は、70％がクレジットカードとして使われています。

ヒント37

銀聯カードもスマホ決済に移行し始めている

「11月11日」＝「独身の日」の熱狂はいつまで続く？

中国人は今や何でもスマホで商品を注文・決済するようになりました。

1年のうち、中国人のスマホ決済が最も注目されるのは11月11日、「独身の日」。アリババやJD.com京東などのネット通販各社による大規模なバーゲンセールです。中国では「11」が2つ並ぶことから「双十一《シュワンシィイー》」と呼ばれています。数字の1が一人、独身を連想させるという意味合いで、アリババが09年に独身者を対象に「自分へのご褒美を買ってください」と呼びかけたのが「独身の日」と呼んだ始まりで、以降、11月11日はバーゲンセールの日となり、中国に定着しました。

近年は日本でも、中国の影響を受け、ヤフージャパン、イオンなどが「いい買い物の日」として、この日にセールを行うようになってきています。「春節」などと同じく、中国の影響力が増し、日本に波及してきた証拠です。

17年11月11日はアリババの取引額が過去最高となり、1日で1600億元（約2兆7000億円）を記録したことが話題となりました。午前0時のセール開始とともに注文が殺到。瞬く間に前年の記録を塗り替えました。アリババのこの日の取引額は、日本の楽天の16年1年間の取引額に匹敵します。また、アリババとJD.com京東の最大手2社だけで、日本円にして5兆円を突破しました。2

社だけで90％近いシェアとなっており、3位の蘇寧易購《スーニンイーゴウ》はわずか4％程度に過ぎません。

売上別にみてみると、1位から順に蘇寧（家電通販）、小米《シャオミ》（携帯）、華為技術《ホアウェイジーシュー》（携帯）、ハイアール（家電）、ナイキ（アパレル）と続き、全体的に見ても、売れたのは家電や携帯、衣料品、化粧品、日用雑貨などです。

衣料品などは、事前に目をつけておいた商品をネット上の「買い物かご」に入れておき、11日午前0時になったらすぐに購入ボタンを押す。この日はスマホだけでは対応できず、パソコンで購入する人も多いといいます。

ちなみに、省別の売上高は、広東省、浙江省、江蘇省、上海、北京の順。都市別では上海、北京、杭州、深圳、広州の順となっています。

日本企業もこの「独身の日」のセールに力を入れています。有名なのはユニクロのファーストリテイリングでしょう。

同社は外国企業の売上トップであり、中国人にも人気のブランドとなりました。

第3章でも紹介しましたが、中国のネット通販で最も人気がある外国の商品はアメリカ、そして日本です。

「独身の日」の翌日は街中に配送待ちの商品が溢れていた
（写真提供：山田平氏）

ターゲットと売り方を間違えなければ、日本の商品はまだまだ中国で販売できる余地があるといえます。

ただし、この1日の購入量があまりにも多いことから、運送業者の手配が間に合わず、顧客に翌日中に届かないトラブルも多数発生しました。ネット通販会社にとっては稼ぎ時ですが、配送業者からは悲鳴が聞こえています。

各ネット通販会社で盛り上げてきた「11月11日」ですが、この熱狂はいつまで続くのか、私は少々疑問を感じます。富裕層はすでにこの日のイベントを冷めた目で見ているからです。**変化が激しい中国ですので、数年以内に、セールの形**

態は変わっていくと予想されます。

ヒント38

ネット通販各社による大バーゲンセールは「独身の日」に開催される

第5章

観光こそ日本の未来を明るくする〝生命線〟

EPISODE 5

「訪れてみたい日本のアニメ聖地88」からわかること

日本には数々のすばらしい観光地があります。第2章で紹介した中国のサイト「大衆点評」によると、17年10月の国慶節期間中に同社が行った調査で、日本を旅行中に中国人が検索していたトップ5は次の観光地でした。カッコ内は中国語名です。

1位　USJ（ユニバーサル・スタジオ・ジャパン）（日本环球影城）
2位　東京タワー（东京塔）
3位　東京ディズニーランド（东京迪士尼乐园）
4位　東京ディズニーシー（东京迪士尼海洋乐园）
5位　築地市場（筑地市场）

これ以外にも、日本滞在中によく検索されているのは、梅田スカイビル空中庭園、海遊館、清水寺、大江戸温泉物語、伏見稲荷大社、祇園花見小路、浅草寺、東京スカイツリー（东京晴空塔）、歌舞伎町、銀座、心斎橋などでした。

いわゆる日本の超メジャー級の観光地ばかりです。

しかし、これらに交じって、検索の下位には三鷹の森ジブリ美術館（三鷹之森吉卜力美术馆）、東京ワンピースタワー（东京塔海贼王主题公园）などもありました。もっとマイナーな検索もあります。**旅行の目的が多様化しているので、日本人が全く知らないようなところも、彼らから検索されている可能性があります。**

日本でも知られているように、10〜30代の中国人は日本のアニメが大好きです。**彼らは日本のアニメを見て育ったといっても過言ではない**でしょう。私の知人にも、「日本のアニメが好きすぎて、東京大学に留学して本格的にアニメの研究をしている」とか「アニメの『一休さん』に夢中になりすぎて、日本のお寺に入って僧侶の修行をした」という中国人さえいます。日本のアニメ専門学校にも多数の中国人留学生が在籍しています。

16年末に日本で大ヒットした長編アニメ映画『君の名は。』も中国で大ヒットしました。

16年は中国で公開された日本映画11本のうち9本がアニメでしたが、とくにこの作品は爆発的なヒットとなり、それ以前にヒットした『STAND BY ME ドラえもん』の興行記録を塗り替えて過去の全日本映画を含めても第1位となりました。

当然、日本旅行にやってくる中国人も、**アニメ関連のマニアックなロケ地も訪れるようになってきています。**『君の名は。』のロケ地である東京・四谷の須賀神社、飛騨市図書館、飛騨古川駅なども一躍〝観光地〟になりました。

17年8月、一般社団法人アニメツーリズム協会が「訪れてみたい日本のアニメ聖地88」を発表しました。

「訪れてみたい日本のアニメ聖地88」（2018年版）の主な場所
（一般社団法人アニメツーリズム協会）

北海道苫小牧市	「僕だけがいない街」
青森県むつ市	「艦隊これくしょん ―艦これ―」
秋田県横手市	「釣りキチ三平」
富山県上市町	「おおかみこどもの雨と雪」
長野県上田市	「サマーウォーズ」
茨城県大洗町	「ガールズ＆パンツァー 最終章」
東京都台東区	「刀剣乱舞―ＯＮＬＩＮＥ－」など
東京都杉並区	「アクセル・ワールド」
岐阜県飛騨市	「君の名は。」
静岡県静岡市	ちびまる子ちゃんランドなど
京都府京都市	京都国際マンガミュージアムなど
大阪府大阪市	「ハンドシェイカー」
鳥取県境港市	水木しげるロード
広島県三次市	「朝霧の巫女」
佐賀県唐津市	「ユーリ！！！ on ICE」
鹿児島県西之表市	「秒速５センチメートル」

訪日観光客に向けて、日本のアニメのロケ地や関連する地域を観光資源として活用しようというもので、日本の四国八十八カ所の巡礼地にちなんで88カ所選んだものです。この中にも中国人に人気のロケ地がたくさんありました。

これらの作品を見ると、あることがわかります。それは、**必ずしも日本で大ヒットを飛ばした有名作品でなくても、海外からの観光客を呼び込む力があるということ**です。中には読者の皆さんが知らない作品もあるかもしれませんが、こうした場所にも、中国からも観光客はやってきています。

つまり、日本人の感覚で「ここはきっと人気があるはずだ」と思っても、必ずしもその通りではない、ということ。いい換えれば、どんなところにも観光客はやってくる可能性があります。

ヒント39 日本人の感覚で「きっと○○だ」と決めつけてはダメ

一般的に知られていなくても中国人に人気のアニメもある

たとえば、『クレヨンしんちゃん』はマンガもアニメも中国で大ヒットし、「しんちゃん」の舞台である埼玉県春日部市を訪れる中国人観光客もかなりいます。しかし、日本では同じように人気がある『こちら葛飾区亀有公園前派出所』（こち亀）は、中国ではそれほど知名度がなく、亀有といえば「餃子」を思い浮かべる中国人のほうが多いようです。

日本の国民的マンガ『サザエさん』の作家、長谷川町子氏が住んでいた東京都世田谷区桜新町も、なぜか中国人にはあまり人気がありません。

先の表の中で、中国人にとくに人気のある作品は何かわかるでしょうか？

青森県むつ市の『艦隊これくしょん－艦これ－』、茨城県大洗町の『ガールズ＆パンツァー 最終章』です。

一般的なアニメではないので、日本でも知らない人が多いと思いますが、中国の日本アニメファンの間では非常に有名です。簡単に説明すると、『艦隊これくしょん』は、旧日本帝国海軍の艦船を萌えキャラクター（アニメ絵の美少女）に擬人化したゲーム、アニメです。

それがなぜ青森県むつ市に関係しているかというと、旧日本帝国海軍の鎮守府のあった場所が「聖地」とされていて、ファンが訪れるからです。京都府舞鶴市や広島県呉市などでも有志による同人誌の即売会が行われたことがありますが、むつ市もかつて「大湊警備府」が置かれた場所だったことから、アニメのイベントが行われています。

『ガールズ&パンツァー』は略して『ガルパン』。茨城県大洗町の女子高校の生徒たちが〝武道〟として戦車道をたしなむ人気アニメです。

艦隊とか戦車と聞くと戦争を彷彿とさせ、日本との暗い歴史がある中国人がなぜそんなものに？　と驚くかもしれませんが、若者は幼い頃からネットの世界で日本のアニメに親しんできていて、まったく気にしていません。

『君の名は。』でも、**たったワンシーンでも使われた場所には、全国各地からファンが**

訪れていますが、日本人のファンがいる場所＝中国人のファンも訪れる可能性がある、と思っておいたほうがいいと思います。

ヒント40
日本人ファンがいるところに中国人ファンもくる

余談ですが、私は16年に中国の杭州で取材していたとき、あるプロダクトデザイナーと知り合いました。その男性は30代前半で、中国の美術系の専門学校を卒業し、デザイナーとして活躍していましたが、その方が尊敬するデザイナーとして、日本人数人の（一般的に知られていない）名前を挙げていたことに私は驚きました。

また、中国の有名な日本専門雑誌『知日』では、日本の奈良美智氏の特集をしていました。奈良氏は世界的に評価の高い日本の美術作家ですが、中国の雑誌でも特集されています。同誌では、他に「三島由紀夫」「枯山水」「太宰治」「大河ドラマ」「是枝裕和」などが特集されていました。つまり、それくらい、中国人の一部は日本のことをよく知っていて、日本に関心を持っているということです。

70年代前半の日本人は心の豊かさよりも物の豊かさを求めていた

品物を買うモノ消費ではなく、経験や体験などに時間やお金を使うコト消費について、これまで何度も触れてきました。コト消費の幅がいかに広く、奥が深く、可能性があるかは、日本人の皆さんはよくご理解いただいていると思います。

私は前著の中で、ひとつの発見を書きました。

それは内閣府の「国民生活に関する世論調査」を目にしたときです。「今後の生活において、心の豊かさと物の豊かさのどちらを重視するか」という興味深い項目です。これを見ると、70年代前半まで、日本人は「物の豊かさ」を重視してきましたが、79年にほぼ互角となり、81年に「心の豊かさを重視する」のほうが逆転しました。80年代前半、日本人はもうすでに心の豊かさを求めるようになっていたことがわかりました。

これは17年から振り返ると、36年も前のことです。

今、中国人がこのときの日本人と同じく、大きな転換点を迎えています。

15年10月、日本のある流通業の中国総経理が、このデータを引き合いに出して講演していたのを、私がたまたま聴講したことがきっかけで、発見しました。

その方の会社は、中国の内陸部の大都市で日本の衣料品や食料品などを販売する事業を行っていましたが、**物質面での豊かさを享受した中国人がこれから向かう先は、心の満足を求めること**だろう、と示唆していました。私はこの話に強く納得しました。

15年当時、中国人の爆買い現象を取材していて、私は「この光景はどこかで見たことがある」と何度も感じていましたが、あるとき、それが80年代の日本人の姿であることに気づきました。

「マナーが悪い」「うるさい」と評され、顰蹙《ひんしゅく》を買いながら、あちこちで両手にあふれるほどの買い物をする中国人を取材するたびに、自分が昔見た日本人観光客の姿を思い浮かべたのでした。

日本人は海外で日用品を買っていたわけではありませんが、その代わり、ルイ・ヴィトンなどのブランドものを買い漁っていました。

しかし、その日本人も、次第にモノ消費から脱却していきます。現在でも高級ブランド品の需要はありますが、衣料はカジュアル化が進み、食文化は多様化して世界中の料理が食べられるようになり、モノ消費よりもコト消費のほうに重きを置く傾向が長く続いていると思います。

コト消費の進化の可能性は日本人の変化からも見えてくる

日本人はこの30年で、物質面以上に文化的にも豊かになりました。

日本には300席以上を有する文化会館（劇場、市民会館など）が約2000カ所以上あるといわれていますが、全国津々浦々まで県民会館やコンサートホールがあり、音楽や演劇の公演がある国は世界的にも珍しいといわれています。もちろん、そこに足を運ぶ日本人がいるから維持できているといえます（昨今では人口減少の影響で、維持管理が難しくなってきてはいますが……）。

17年秋、都内に住む私の日本人の友人が金沢旅行に行ってきたのですが、その際、こんな感想をもらしていたのが印象的でした。

「金沢は伝統工芸のイメージがとても強かったけれど、金沢21世紀美術館は本当にすばらしくてびっくりしました。しかも、特別展をやっているわけでもないのに、地元の20〜30代の人や小さいお子さん連れの若い家族連れが多く、行列していて30分以上も並びました。地元の文化レベルが高いのですね」

こうしたことは、そこに住んでいる当事者たちは気づきにくいものです。自分たちが持っている文化がすばらしいものだとしても、それを当たり前だと思って生活をしているからです。私の友人は東京から出かけていき、新鮮な目で金沢を見たからこそ、気がついたのでしょう。

それは中国人にもいえることです。**ほんの数年前まで海外に出かける機会がほとんどなかった彼らにとって、海外の文化は新鮮で刺激的であり、また、それをすばらしいとも思うようにもなりました**（その結果、自国の文化も見つめ直し、振り返るようになってきたという効能もあったと思います）。

ネットの発達によって、現地の情報を隈なく調べることもできるようになり、客観的に比較したり、判断したりできるようになったのです。

「衣食足りて礼節を知る」ということわざがありますが、**豊かになった中国人は衣食に満足し、文化的なものに強い興味と関心、あこがれを示しています。**

それが、第２章で紹介した「日本料理の盛りつけ教室」などの動きにも現れていると思います。

16年夏、山梨県・河口湖町にあるハーブガーデンに行ったところ、ドライフラワーショップの２階で中国人観光客がドライフラワーの花束を作っているのを見かけました。

その後、17年の春に、大連の大型書店に出かけたのですが、そこにドライフラワー教室がありました。最近の中国の書店の売り場は、書籍といっしょに文房具や関連する商品を販売するのが流行しているのですが、趣味のコーナーに、ドライフラワーの作り方の本が置いてあり、手作り教室の案内もありました。
ドライフラワーだけではありませんが、**海外で見たり聞いたりしたものや、ネットで知った文化を、自分たちの国にも取り入れ始めている、**そのいい一例だと思います。

ヒント41

衣食に満足した後は、文化に強い興味と関心、あこがれを持つ

ありふれた島の景色や農村はむしろ観光地になり得る

コト消費が進化していけば、有名観光地だけではなく、その地域の人にとってはありふれた風習や風景なども、ひとつの観光になり得る可能性があります。

17年4月、埼玉県さいたま市で「世界盆栽大会」が開催されました。3日間で約4万5000人の来場があり、欧米や中国、韓国からやってきた人も多かったそうです。この大会は毎回違う国で開催されているのですが、日本での開催は28年ぶり。本場で「ＢＯＮＳＡＩ」を鑑賞したい、あるいは、盆栽に関する植木道具などを日本の専門店で買いたい、という外国人が多かったのです。これも立派な観光資源だと思います。

瀬戸内に面する7県（広島県、岡山県、山口県、兵庫県、香川県、徳島県、愛媛県）の自治体や地方銀行が集まってできた組織「せとうち観光推進機構」では、インバウンドのＰＲ用にブランド動画を制作していますが、そこでは、有名な原爆ドームや阿波踊り、道後温泉などの動画ではなく、瀬戸内の「多島美」をアピールしています。

瀬戸内海には直島《なおしま》、男木島《おぎじま》、因島《いんのしま》などの小さな島々があり、芸術家・草間彌生氏の作品、瀬戸内国際芸術祭、しまなみ海道のサイクリングなども楽しめます。

これらは、日本人の間では有名になりつつありますが、中国人を始め、外国人にもアピールできるものだと地元の人々も気づいたようです。

中国で流行りつつある旅行形態、「農家楽《ノンジアラー》」とは？

ありふれた風景といえば、民泊も可能性が広がっています。

長野日報の報道によると、長野県伊那市では「農家民泊」を積極的に行っています。修学旅行生もいますが、海外からのインバウンドにも力を入れていて、16年は78団体、1900人を受け入れました。中国を始め、台湾やシンガポールからの観光客が多く、受け入れている農家は約40軒で、1軒につき3～5人が宿泊するそうです。

私もテレビで伊那市の取り組みを見たことがありました。そのときは上海からやってきた4人家族がある農家に泊まり、収穫作業をしたり、畑を見て歩いたりしていました。

「ふとん」「コタツ」など、日本では当たり前でも、中国人にとっては、「珍しいもの」。

中国人の住居は洋式でイスの生活ですので、彼らは畳に座るだけでも大喜びします。食卓に並ぶのも豪華な肉や魚ではなく、新鮮な野菜を使った料理。子どもたちが中国で見たことがない野菜を見て、いろいろ質問している様子が印象的でした。

中国の野菜は農薬が使われていることが多く、必ずしも安全とはいえません。また、都市と農村は距離がとても離れているため、日本のように「地産地消」を実践するのは難しく、それだけでも贅沢に感じます。

実は今、**中国国内でも「農家楽」という旅行形態が流行しています**。農家に泊まる旅のことで、中高年を中心に利用者が急増しているのです。

上海周辺の場合、隣接した浙江省や江蘇省などにある農家に1泊か2泊する旅行で、農家の空き室や、農家を改造した宿に泊まり、農家が作った新鮮野菜や地鶏などを使った手料理を食べて帰る、というもの。都会で暮らす若い夫婦や子ども連れもいますが、「農家楽」を最も楽しんでいるのは50代後半以降の定年退職者たちです。

中国の定年は日本よりも早く、企業によって異なりますが、50代後半で退職する人は珍しくありません。そこからは年金生活に入りますが、この世代は若い頃に農村に「下放」（政府の指導で若者が地方で農作業に従事する）された世代。彼らには農村で何年間もつらい農作業をさせられた共通体験があるのですが、今は当時を懐かしみ、自宅から近い農村や、下放されていた当時の農村を訪れて、素朴な生活を楽しんでいるのです。

働き盛りの若者はストレス解消のため、農家のおいしい空気を吸ったり、新鮮な野菜を食べたい。中高年は昔の中国の農村を懐かしみ、今の農家を訪れてみたい。そんな欲求が国内にもあるのですから、一見、インバウンドとは無関係に思える日本の農家での宿泊体験や、農作業の経験も、大きな可能性があると思います。

ヒント42

家族連れから定年退職者までが農家に泊まる旅を求めている

これからの中国インバウンドを左右するキーワードは「学び」

私は**中国人観光客のこれからを占うキーワードは「学び」**だと思っています。

中国人は海外旅行をするようになって、世界へと目が見開かれました。最初は団体観光からスタートしましたが、すぐに個人旅行にシフトするようになりました。

個人旅行は旅の目的がさまざまで、旅行の形態そのものが成熟化、多様化していますので、今後の傾向をひとつだけに括ることはできませんが、彼らの興味・関心の方向性として、間違いなくいえるのは「学び」です。

その兆候は、私の取材の中にも、いくつも現れていました。

第3章で紹介したスキー場には、訪日観光客が日本でスキーを楽しむだけでなく、別の側面もあります。

日本のスキー場の施設の構造や、インストラクターの資格、指導方法など、ハードとソフトの両面で、日本から学ぼうとしているのです。

日本で観光をするだけにとどまらず、日本のいいものを学び、習得して、中国のスキー場にも反映させたいと、ビジネスの面も考えているということです。

美容サロンも同様です。

モッズ・ヘアに中国からのインバウンド需要が増えてきたことは前述しましたが、同社は中国で展開する美容サロンにも日本の美容師を派遣し、中国での技術指導や店舗運営などにも協力しています。ヘアスタイルのトレンドも、欧米だけでなく、日本から取り入れるものもあると思います。これも「学び」の一種でしょう。

ヒント43
彼らの興味関心は「学び」を含んだものに向かっている

彼らが日本の「企業見学」を希望する理由

こうした形での「学び」だけでなく、別の「学び」もあります。

エム・エイチ・グループ社長の朱峰玲子氏は、中国の起業家の友人や知人から日本の企業見学や工場見学の手配や案内を頼まれ、半ばボランティアで日本企業を紹介していると話していました。

日本企業を見学する中国人の一団（写真提供：朱峰玲子氏）

　私は他の人からも、**日本の企業見学はとても人気がある**、という話を何度か聞いたことがあります。京セラの元会長で、日本航空を再建したことで有名な経営者、稲盛和夫氏の経営哲学を学ぶ勉強会「盛和塾《せいわじゅく》」が中国で大人気なことはよく知られており、17年7月の時点で、中国には約３６００人もの塾生がいます。塾生は毎年日本で行われる「盛和塾」の世界大会に「学び」にやってきます。

　17年に私が中国で取材した中国人の塾生は広東省で１万人以上の社員を抱える製造業の女性社長でしたが、彼女は世界大会のあとは、ショッピングには目もくれず、取引先企業の工場見学や、日本の大学を熱心に見学して歩いていました。

中国の企業は日本の企業と比べて歴史が非常に浅いです。日本には100年以上続く企業がおよそ10万社あるといわれており、老舗料理店や老舗の商店なども含めると、もっとあります。

古くは明治時代から150年も続く企業もあり、代々家族で経営している企業も珍しくありません。明治から大正、昭和と時代の節目がありましたが、日本の場合は時代の節目で、それまで存続していた会社が消えたわけではありません。

しかし、中国は1949年の中華人民共和国の建国から、まだ70年も経っていません。しかも、文化大革命（1966～76年）という断絶があり、長い間社会の混乱と貧困が続きました。日本と国交を回復したり、改革・開放によってようやく国際社会に復帰しましたが、89年の天安門事件によって海外からの投資が冷え込み、経済的に立ち遅れた時期が長かったといえます。また、中国人が海外に出ることは、特権階級の人を除いてほとんど許されず、中国人が私企業を作ることもできませんでした。

日本にも名前がよく知られている中国企業といえばハイアール、アリババなどですが、創業はそれぞれ1984年、1999年と非常に新しい企業です。中国の多くの有名企業は創業から30年未満で、また創業者が経営のトップに立っている段階。ですので**外国企業、とくに距離的にも文化的にも最も近い日本企業からもっと学びたいという気持ちが強い**のです。

そういえば、中国で最も有名な東京大学と早稲田大学などのキャンパスには、いつも中国人がいます。留学生ではなく、明らかに観光でやってきた人々で、校内の写真を撮っている姿をよく見かけます。留学生の父兄も観光旅行のついでに、自分の子どもが通っている大学を見学することが多いそうですが、これもひとつの「学び」だと思います。

中学生、高校生が夏休みに欧米や日本の中学、高校に短期留学や交流会に行く機会も増えており、「学び＋観光」はこれからもっと脚光を浴びるでしょう。

中国人の10代の若者たちは、インバウンド予備軍。日本の観光・インバウンド関係者は、彼らにも関心を寄せていくべきではないかと思います。

ヒント44
「学び」のために来た人を日本ファンにすればまた来てくれる

中国で流行する「ABCクッキング」からわかる嗜好の変化

中国国内で「習い事」が普及しているのも、訪日旅行の影響があると思います。前述したドライフラワー教室などもそうした兆候のひとつですが、中国では今、子どもだけでなく大人の間でも習い事が非常に盛んです。

17年夏、北京を訪れたとき、友人から日本のABCクッキングが中国で流行していると聞きました。ABCクッキングは11年に中国に進出。これまでに北京、上海、成都、重慶、杭州、深圳などに12店舗を出店し、料理教室を行っています。

私の上海の知人もABCクッキングに通ったことがあり、聞いてみると、20～40代の女性が多く、彼女が参加したクラスは全員既婚者だったそうです。日本では独身の女性が料理を習うことはありますが、中国では独身の女性は家族と一緒に住むのが基本です。地方出身で北京や上海に住んでいる女性の場合、家賃が高いので郊外のシェアハウスに住むことが多く、どちらも料理をする機会はあまりありません。中国の独身女性は、これまで料理を習うモチベーションは高くありませんでした。

ですが、既婚女性の状況は少し変わってきました。

個人差があるので一概にはいえませんが、中国ではほとんど共働きなので、夕食は夫と外食をしたり、食べ物を買ってきたりという人が比較的多く、また、子どもができてからは、自分の両親や夫の両親に子育てを任せ、料理も両親やお手伝いさんに頼むケースが少なくありません。

しかし、最近では「家族に栄養があってバランスのいい食事を食べさせてあげたい」、「外食だと身体によくない。健康のためにも、自分で料理をしたい」と思う女性が増えてきたそうです。家庭料理だけでなく、パンやケーキ作りにも関心を示す女性が増えてきたのは、成熟化のひとつの表れだといえるでしょう。

このような現象からわかるのは、習い事という「学び」への関心が高まっていることに加え、**中国人のライフスタイルが大きく変化している**、ということです。

ヒント
45

生活の質を上げるための習い事やインテリアが注目を集めている

「生活の質」を上げることに関心が向き、家の中を整理整頓することや、センスのいい家具やキッチン用品、おしゃれな家電、日用品を揃えることにも興味が湧いてきています。上海には17年に日本のインテリア・雑貨小売業の大手「ニトリ」がオープンし、連日、地元の買い物客で賑わっていますが、家庭用品を統一したカラーで揃えるなどの精神的な余裕も出てきています。

訪日中国人の統計を見ると、20～30代の若い女性が増えていますが、このようなライフスタイルの変化によって、日本で**センスのいい家具や家電、インテリアを買う人が増えています**。ホームパーティーを開くために、日本のデパ地下にちょっと変わった食材の買い出しへ、あるいは、越境ＥＣで日本や欧米のおしゃれな商品を買い揃える。そんなふうに変わってきているのです。

白タク横行問題が起きるのは需要と供給のバランスが悪いから

中国ではタクシーの配車アプリ、滴滴出行が急速に発達し、都市部ではスマホのアプリひとつで、いつでも、どこでも、タクシーを呼ぶことができるようになりました。中国に住む中国人、そして中国でアプリが利用できる外国人にとっては、この上なく便利なツールです。

ところが、日本である問題が浮上しました。

日本で中国人観光客を相手に、在日中国人が無許可営業する白タク行為が、空港や観光地などで発生しているのです。

ニュースなどで報じられていますが、これは中国の配車アプリのシステムをそのまま日本に持ち込んだケースです。

日本では白タク行為は認められておらず、タクシーの運転も第二種運転免許がないと、客を乗せることはできません。道路運送法で禁じられています。

しかし、在日中国人の運転手は中国の配車会社に登録し、仕事を受注。中国人観光客は運転手と連絡を取り合い、運転手が空港や観光地まで自家用車で出迎えに行く、という形なので、その行為は日本人の目にはわかりにくいのです。配車会社を通さずに、直接、運転手に連絡を取り、仕事を発注することもあります。

3者間の連絡はウィーチャット、代金の支払いや受け取りもウィーチャットペイなので、日本滞在中は現金のやりとりが発生せず、その結果摘発が難しいといわれています。

なぜ、このような行為が発生するのでしょうか。

それは中国と日本のシステムが異なっているからです。中国では配車アプリに登録した車に乗ることに、何の問題もありませんが、日本では違法です。訪日中国人がこの白タクを利用してしまうのは、単純に「便利で安いから」です。関西国際空港から一般のタクシーで新大阪駅まで乗る場合、約1万8000円かかりますが、白タクなら1万円程度で済むのが相場だそうです（空港と各都市を結ぶ定額タクシーというサービスがあり、料金は抑えられるのですが、認知度はまだ高くありません）。

そして、**中国人にとっては、金額の安さ以上に、必ず自分専用の車が迎えに来てくれ**

るという安心感や、ウィーチャットという日常的に使っているツールの気軽さ、便利さ、そして、同じ中国人が相手で、言葉の不自由さがないことが、このシステムを利用する理由でしょう。

この白タク配車サービスは日本国内に複数存在しており、「皇包車《ホワンバオチャー》」「唐人接《タンレンジェ》」などと呼ばれています。

17年末の時点で、東京で約1900人、大阪で約1300人、北海道で約300人の運転手が登録しており、空港からホテルや観光地へと送迎するだけでなく、日本の有名な観光施設と提携して送客し、バックマージンを受け取っているケースもあると聞きます。

中国のスマホ決済が急速に進み、中国での生活をそのまま日本に持ち込んだのがこの行為ですが、**このまま日本の法整備が変わらなければ、陰に隠れてますます加速する恐れがあります**。

ヒント46

違法行為が起きる原因の延長線上にビジネスチャンスがある

中国発のシステムが日本に続々と上陸している

中国発のビジネスが相次いで日本市場に参入してきています。インバウンド関係者にとっても、**中国発のシステムが日本に導入されれば、仕事の幅はかなり広がっていく**と思います。

そのひとつはアリペイです。アリペイについては第4章で紹介した通りですが、18年にも日本で導入されることが決定しました。新サービスはアリババ傘下のアント・フィナンシャル・ジャパン経由で開始される予定です。

タクシー配車とライドシェア（乗り合い）サービスを中国で展開する滴滴出行も18年に日本市場に参入します。日本のタクシー最大手の第一交通産業と組み、まず東京都内でサービスを開始、滴滴のアプリを利用し、日本で配車できるようになります。将来的には各地のタクシー会社と連携して、全国規模で展開する予定です。

前述したように、日本では自家用車の利用が「白タク」行為になるとして禁止されていましたが、**滴滴と第一交通の提携が進み、利用できる範囲が広がれば、中国からの訪日客のタクシー需要も、もっと見込めるようになります**。

また、**中国の民泊大手の「途家」は楽天と提携**し、18年に楽天が立ち上げる仲介サイトの物件を途家のサイトにも掲載し、訪日中国人客が利用できるようにする予定です。

ヒント47 中国発のシステムを活用するのもひとつの方法

日本では17年6月に住宅に旅行者を有料で泊める民泊を全国で解禁する住宅宿泊事業法（民泊法）が成立しました。中国人観光客の民泊の利用はまだ全体の10％程度にとどまっており、今後、拡大が期待できます。

すでに日本に上陸したビジネスもあります。シェア自転車大手のモバイクは17年に福岡市にモバイク・ジャパンを設立。福岡と札幌でシェア自転車ビジネスを開始させました。中国の出前アプリはまだ日本に進出してきていませんが、中国の有名な出前アプリ「美団」や「餓了么」と似たようなシステムの「出前館」が日本にもできました。

ラグジュアリーなホテルはなぜ必要か

日本には5つ星のラグジュアリーな高級ホテルが少ないといわれています。16年時点で5つ星ホテルは28軒しかなく、世界の先進国の中ではかなり少ないといえます。

今後、世界の富裕層を受け入れていくためには、もっと5つ星ホテルを建設する必要があるという議論がありますが、私も同感です。

しかし、日本で議論されている「必要」の理由が、1泊10万円以上を支払うことに抵抗のない富裕層をもっと日本に誘致していこう、という点であるのに対し、同じく賛成である私の「必要」の理由は、中国人富裕層の観光客という観点でいうと、少し異なります。

17年10月、アメリカのトランプ大統領がアジアを歴訪し、その際、日本では東京の帝国ホテルに宿泊しました。帝国ホテルは日本では超一流のホテルであることに異論はありませんが、ラグジュアリー感という点で、欧米の5つ星ホテルと比べて、少々劣るかもしれないと感じるのは、私だけではないはずです。**見た目のゴージャス感は、高級ホテルに宿泊したい中国人にとって、大事なポイント**です。

中国人観光客にとって、5つ星のラグジュアリーなホテルがもっと必要な理由は、次の通りです。

①5つ星ホテルに泊まっているというだけで、精神的な安心や充足を得られる
②5つ星のホテルであれば、必ず最上級のサービスやおもてなしをしてもらえるはずだと感じられる
③中間層以下の中国人にホテル内で会わなくて済み、ストレスを感じない

「料金が高い＝サービスがいい」
「料金が安い＝サービスはよくない」が当たり前

3つのポイントについて解説しましょう。

まず、**中国人の多くは値段が高ければ高いほどいい待遇やサービスが受けられるものだ、と信じている**ことです。「5つ星ホテル」=「料金が高い」=「安心して宿泊できる」という論理です。

これは欧米でも同じですが、日本人は必ずしもそう考えません。

日本人は**安い定食屋でも、サービスがいいのは当たり前、お客様は神様、という感覚があり、それが他のサービス業にも適用されるという独特の考え方を持っています。**

つまり、日本国内では、価格がそれほど高くなくても、一定以上のサービスのクオリティを求める風潮があります。しかし、**この考え方は世界的に見て、珍しい**でしょう。

海外では、料金が高い=サービスがいいと考えるのに対して、料金が安い=サービスはよくないと考えます。

そして、日本では5つ星ホテルでも、目の玉が飛び出るほど料金が高いとはいえません。これは日本の商習慣の問題なのかもしれませんが、「お客様のため」「できるだけ安く」という顧客第一主義が働いていることもあると思います。

インバウンド需要が増え、東京や大阪のホテル代金の高騰が問題視されていますが、需要が増えれば増えるほど価格が上がるのは当然で、**高い料金を問題視するよりも、もっとホテルを増やすことのほうが大事**ではないかと思います。

以前、知人の中国人は東京・赤坂にある「ザ・キャピトルホテル東急」に宿泊したとき、こんな話をしてくれたことがあります。

「2人で泊まったのですが、部屋にスリッパが1つしかなく、もう1つスリッパを持ってきてもらいました。そのとき、スタッフがいかにも大事そうにスリッパを両手で持って部屋にやってきたときは、とても感動しました。中国のホテルでは、スリッパをそんなに大事そうに持ってきません（笑）。一流ホテルでも面倒臭そうに持ってくるスタッフのほうが多いんです。この小さな出来事ひとつで、私はこのホテルがとても気に入りました」

日本のすごさは、必ずしもこうした一流ホテルだけでなく、低価格のホテルでも同様のことが行われていることですが、それはホテルのランクだけではなく、各社の教育制度や個人のパーソナリティによるところも大きいと思います。

しかし、**中国人から見れば、「5つ星ホテルのクオリティ」は一定であり、必ず最上級のものであるというお墨付きが得られると考えます。ですから、今後もっと中国人の富裕層を取り込んでいくならば、検討すべき課題**だと思います。

3つ目の点については、第1章でも少し述べましたが、中国には「さまざまな人がいる」ということを忘れてはいけない、ということにもつながります。

中国は日本のような平均化された社会ではないため、富裕層と中間層、その下の階層では、学歴、生活習慣、考え方などが驚くほど違います。

日本を旅行できるのは中間層以上ですが、富裕層の中国人は海外で中国人の「団体さん」に会うことをできるだけ避けたいと考えています。そうした面からも、彼らは安心できるホテルを求めているのです。

ヒント48 富裕層を満足させるホテルは足りていない

中国のサイトで紹介されている地方色豊かな〝日本〟

中国のウィーチャットでは、実にさまざまな日本情報が飛び交っています。

第2章で紹介した『行楽』の購読アカウントでは、九州の15カ所の温泉旅館が紹介されていました。

下田温泉・天空の船（熊本県）、秋月温泉・清流庵（福岡県）、二日市温泉・大丸別荘（福岡県）、指宿温泉・いぶすき秀水園（鹿児島県）、妙見温泉・天空の森（鹿児島県）、由布院温泉・亀の井別荘（大分県）、由布院温泉・玉の湯（大分県）、由布院温泉・山荘無量塔（大分県）、白川源泉・山荘竹ふえ（熊本県）、綾温泉・酒泉の杜 綾陽亭（宮崎県）、北郷温泉・合歓のはな（宮崎県）、雲仙温泉・東園（長崎県）、雲仙温泉・半水盧（長崎県）、嬉野温泉・大正屋 椎葉山荘（佐賀県）、武雄温泉・御宿竹林亭（佐賀県）

「北海道で最も美しい撮影スポット10」は次の景色が紹介されています。

有珠山ロープウェイ、トマムリゾート、小樽運河、はまとんべつ温泉ウイング、定山渓鶴雅リゾートスパ森の謌、小樽芸術村、北浜駅、阿寒湖、函館市元町地区、紋別・芝ざくら滝上公園

北浜駅というのは、中国で大ヒットした映画『非诚勿扰《フェイチェンウーラオ》』（邦題『狙った恋の落とし方。』）のロケ地となったところです。この映画は08年に公開されましたが、映画の後半で東北海道（釧路、阿寒湖、網走、厚岸など）の風景が紹介され、中国人の間で一躍有名になりました。**映画のヒットからかなりの時間が経っていますが、北浜駅は海の見える駅として有名で、いまだに中国人観光客の姿が絶えません。**

映画監督の馮小剛氏は、映画公開の前年に北海道を旅して、その雄大な景色に感動し、映画のロケで使用したといわれています。

「日本のユニークなスターバックスの店舗」の紹介コーナーでは、京都・清水寺近くにある畳に座ってコーヒーを飲むことができる木造建築の京都二寧坂ヤサカ茶屋店、漫画

家・横山隆一氏の旧居を改造した鎌倉御成町店、世界的建築家・隈研吾氏が伝統的な木組み構造を用いた斬新なデザインを設計した福岡・太宰府天満宮表参道店などが紹介されています。

このように、**日本のガイドブック顔負けの細かな情報が中国のサイトでは紹介されています**。いわゆる〝観光地〟以外にも中国人が出没しているのは、日本情報を専門に紹介するサイトや、それをシェアする友だちのSNSなどで情報を得ているからです。

ヒント49

ウィーチャットには日本のガイドブック顔負けの地方の名所が出回る

相手の後ろ姿が見えなくなるまでお辞儀をする

15年ごろ、東京都内の中小企業に1人の中国人研修生がやってきて、インタビューする機会がありました。

そのとき、彼がこんなエピソードを紹介してくれました。

彼は地方の取引先に日本人と一緒に行ったそうですが、九州の取引先の社員が、お客様が見えなくなるまで見送っているという話を聞いて、とても感動したそうです。そして、自分自身も見送ってもらったと話していました。

彼も日本の旅館では、チェックアウトするとき、仲居さんやスタッフがお客様を玄関先や駐車場まで見送ることは知っていましたが、**普通の企業の方がいつもそうしていることに驚いたそうです。そして、自分もそれを見習って、以降ずっと真似している**と話していました。


その日、話を終えて私が帰るときも、彼は笑顔で私を見送り、私の姿が見えなくなるまで手を振ってくれました。私も手を振り返し、小さくお辞儀をしたのですが、とても心地よかったのを覚えています。

日本では老舗旅館や高級旅館でなくても、このような見送りは行われていると思います。日本人にとっては「当たり前」の行為です。駅などでも、よく改札を入った人が後ろを振り返り、手を振っている姿を見かけます。新幹線のホームなどでも祖父母がいつまでも孫を見送っている姿を見て微笑ましく感じます。

しかし、中国ではこのような風景はあまり見かけません。長距離バスの停留所やターミナル駅などでは、家族や友だちを見送っている姿を見かけるのですが、中国の新幹線はそもそもホームに乗客以外は入れませんし、ホームに降りる前のゲートでも、人が多すぎて、ゆっくり見送っている雰囲気ではありません。

石川県の高級旅館「加賀屋」は、海外でも名前が知られた老舗の旅館ですが、同旅館は、チェックアウトのとき、従業員が玄関から外まで並んでお客様を見送ることで知られています。大型観光バスが出発するところをテレビで放送していましたが、驚いたのは、バスが角を曲がったあともずっと手を振っていることでした。

これに対し、仲居さんのひとりは「お客様に、どうか道中ご無事で、という気持ちでやっているので、すぐに手を下ろせないんです」と語っていました。

この旅館には中国や台湾、香港などからの観光客も多く、台湾・台北の北投温泉にもグループ企業の「日勝生 加賀屋」があります。そのため、台湾ではとくによく知られており、その評判は中国にも伝わっています。

中国の富裕層に「日本の加賀屋《ジアフーウー》を知っていますか？」と聞けば、たいてい「もちろん、知っています。有名ですから」と答えることでしょう。

私が上海で知り合った50代の経営者の男性も「ジアフーウー、もちろん、泊まったことがあるよ。あそこに行くと皇帝のような気分になれる。**仲居さんは中国語はできなかったが、とても親切で丁寧に接してくれたので心に残っている**」と話していました。

日本が大切にしてきた文化や所作が中国にいい印象と影響を与え始めている

「**中国語など言葉の問題ではなく、表情や接客態度で「やはり加賀屋は老舗。さすがに超一流だと思った」**」とこの男性は話していました。

中国人は基本的に、日本人のように深くお辞儀をしません。欧米人もそうですが、日本に来て彼らが驚くことのひとつは、日本人の深いお辞儀です。最近は日本人でもあま

り お辞儀をしなくなりましたが、自尊心の強い中国人から見ると、深くお辞儀をされるのは、とても気分がいいそうです。

中国ではサービス業に従事している人でも、誰かに（謝るわけではないのに）ペコペコ頭を下げるという行為はしません。また、店員が笑顔で接客することも、まだあまり多くはありません。飲食業などでも、店員のプライドが高いため、「赤の他人になぜ、笑顔を振りまくのか？」と考える人が多かったのです。

しかし、最近では、都市部のレストランなどでサービスの質が向上し、サービスがいい店員にはウィーチャットペイでチップを払う習慣ができ、次第に笑顔が見られるようになってきました。

少なくとも12年ごろまで、私は中国人から「日本の店員は作り笑顔で、やりたくない仕事をやっているのだろう」といわれてびっくりしたことがあるのですが、海外に出て見聞を広めるようになり、実際はそうではないのだ、と思う中国人が増えてきました。

日本のサービス業の質の高さを知り、中国人も笑顔で接客やサービスをすることが、相手を気持ちよくさせることであり、自らもプライドを持って明るく仕事ができるとい

うことがわかってきたのです。

以前は習慣や文化の違いによる誤解が大きかったですが、日本人が大切にしてきた文化や所作が、彼らにいい印象を与えていることは確かです。ですから、「お客様はどうせ外国人でよくわからないのだから、**適当にちょっと頭を下げておけばいいだろう」といいう考えは言語道断**。言葉は通じなくても丁寧な対応は必ず相手に伝わります。悪い店の評判は中国人のSNSで瞬時に広まり、二度と振り向いてもらえなくなってしまうということを胆に銘じておきましょう。

ヒント 50

中国語ができなくても接客で十分に感動を呼ぶことができる

ITによって変わりつつある中国の不信社会

15年ごろから「中国は本当に変わった」と思うことが非常に増えてきました。

とくに驚くのはＩＴを駆使した〝見た目の変化〟です。ウィーチャットペイやアリペイ、シェア自転車などもそうなのですが、私が最も驚いたのはアリペイのアプリ「芝麻信用《ジーマーシンヨン》」の存在でした。

芝麻信用とは不思議な名前ですが、「芝麻」は「ごま」の意味で、物語『アリババと40人の盗賊』で、主人公が宝の山を見つけるために唱える呪文「開け、ごま」（中国語では「芝麻開門《ジーマーカイメン》」）が由来となっています。

簡単にいうと、これは自分の評価をまとめた採点表のようなもので、よい行いをすればその結果自分の評価が高くなり、悪い行いをすれば評価が下がるというもの。アメリカの「クレジットスコア」とほぼ同じ仕組みで、日本でもオークションサイトなどで似たような仕組みがあります。

15年1月に導入されて以降、急速に利用者が増えており、17年6月時点で約3億５０００万人が利用しています。

スマホでこのアプリを開くと、勤務先や学歴、職歴などを書き込めるようになっています。個人情報（年齢、職業など）、支払い履歴などの項目に分かれていて、ローンをきちんと返済しているか、シェア自転車を問題なく返しているか、交通違反をしていないかなどのデータがスマホ上に蓄積されていくようになっており、よい行いをすればスコアが上がっていきます。

スコアは350点から950点まで、「やや劣る」「普通」「とてもよい」などの5段階に分かれています。

信用力が高いとシェア自転車の保証金が無料になったり、ホテルのデポジット（保証金）が不要になったり、婚活サイトで優先的によい条件の相手を紹介してもらえたりという「いいこと」が自分に返ってきます。逆にスコアが低いと、住宅ローンが借りられなくなったり、就職の採用試験で不利になったりして、社会的な信用を失いかねません。

なぜ中国でこのような個人の信用力を測る仕組みが出来上がったのかというと、ひとつはＡＩ（人工知能）やビッグデータ解析が進化するビジネス環境で、個人のスマホに蓄積されていった情報を「宝の山」と捉え、政府が情報を管理しやすくする、という理由。もうひとつは、**これまで社会的に「よくない行為」をしていた人にペナルティを与えることによって、品行方正な中国人を増やしていこう**、という理由があります。

つまり、**ITの力で中国社会をよい方に変えていこうという壮大な取り組みがアプリで行われている**といってもいいでしょう。

このような信用力を測るアプリによって、個人が管理され、個人情報がビッグデータとなって政府に筒抜けになることにはある種の「怖さ」も感じますが、一方で、中国人にとっては「いいこと」をすれば自分の信用力がアップし、生活しやすくなるというメリットがあります。

これまで中国は不信社会でした。文化大革命が起きて以降、身近な人でさえ信用できない時代がありましたが、だからこそ、このような仕組みがITを駆使して生まれたのだと思います。

「中国人はマナーが悪い」の時代は終焉に向かっている!?

芝麻信用の登場は、中国の国内事情のように感じますが、実は日本にも、そして日本のインバウンド業界にも大きな影響を及ぼすと思います。

日本では長らく「中国人はマナーが悪い」「うるさい」「列に並ばない」といわれてきました。

確かにそういう中国人が大勢いたことは事実です。

しかし、**芝麻信用の導入により、中国では交通違反をする人が圧倒的に減少**しました。上海などの街角ではよく警察官が違反をした人に注意している姿を見かけるのですが、こうしたデータは個人情報として記録に残り、スマホ上にも蓄積されていきます。**社会のルールを守らない人には、ペナルティが科せられるようになり、それが大きな力となって、少なくとも、都市部の中国人のマナーはずいぶん改善されました。**

これが習慣化され、定着していけば、海外に出ても、同じことができるようになります。この功績は非常に大きいと思います。

中国では習近平国家主席の号令で、公衆トイレをきれいにする「トイレ革命」を行っていますが、そのトイレで「顔認証システム」を導入しました。

中国のトイレでは各トイレ（個室）にペーパーが用意されていないこともあり、そういう場合はトイレの入り口にある大きなペーパーホルダーから1人分を取る仕組みになっています。

しかし、マナーの悪い人は大量にペーパーを取って持ち帰ってしまうため、ペーパーの上にカメラがついていて、画像認証することによって、同じ人が何度もペーパーを取れないような仕組みにしました。ＩＴを駆使して「悪い行い」を改善する取り組みのひとつです。

アリペイでは17年10月に、スマホ決済よりももっと簡単な「顔認証」による決済サービスを始めましたが、これも似たような仕組みを使っています。このように**ＩＴを活用することによって、彼らのマナーを改善することは、国内だけにとどまらず、中国人が**

訪れる海外にもよい影響を及ぼしていくと思います。

ヒント 51

ITの活用によってマナーのいい中国人が増えている

70万人を超える在日中国人を活用しよう

法務省の統計によると、17年6月時点で、日本に住む中国人は約71万人に上っています。これは第2位の韓国人（約45万人）を引き離し、全外国人中トップです。

在日中国人が最も多いのは東京都（約19万人）、次いで神奈川県（約6万人）、埼玉県（約6万人）の順で、首都圏に多いことがわかります。昨今では留学生だけでなく、日本で就職する人や、企業経営者、大学教授なども増えてきました。日本の大手企業に勤務するホワイトカラーの中国人も非常に多く、中国関連の部署に限らず、営業、総務、研究部門など、あらゆる部署にいます。以前は**在日中国人が活躍できる場面は多くはなかったですが、日本社会も少しずつ変わってきています**。

同時に、日本に中国系企業が増えてきたことも、第2章、第3章でご紹介した通りです。また、**日本のインバウンドに関わる企業、たとえば百貨店、専門店などの小売店、空港、ドラッグストア、大手メーカーでも中国人が働いています**。

これまで彼らは中国への進出や投資案件、中国市場をターゲットにした販売戦略など、どちらかというとアウトバウンドの場面で活躍することが多かったのですが、今ではインバウンド需要に駆り出される機会が増えました。

いわば**中国という巨大なマーケット相手というだけでなく、日本の中の中国人マーケットが大きくなってきたのです。そして、そこで戦うには、中国人の人材がなくてはならない存在**だということです。

以前と大きく違うのは、**インバウンド戦略が、中国のSNSなしでは語れなくなってきている点**です。

中国人の海外旅行に関する情報源の多くがＳＮＳであるため、どうしてもＳＮＳで情報発信することが求められます。アウトバウンドのひとつともいえる越境ＥＣでも同様だと思います。

しかし、ただ中国語のホームページを作ればいい、中国語のＰＯＰや看板を作ったりすればいい、中国語の通訳や翻訳機があればいい、という単純な作業では事足りなくなってきています。

中国語を話せる人が1人もいなくても成功しているところはありますが、**継続的に中国人観光客にＰＲし、知名度をアップさせていくためには、ある程度のＳＮＳ戦略が必要となってくる**でしょう。

そのために、日本語が流暢な70万人の在日中国人をもっと活用するべきだと思います。

彼らは日本のあらゆる業界で働きつつ、ウィーチャットをやっています。日本ではそれらをやらなくても、生活する上で何の問題もありません。しかし、中国人の場合、現地の友だちや家族との連絡でウィーチャットは必要不可欠なコミュニケーション手段になっています。

ですから、**中国にいなくても、彼らは中国の友だちの間でどんなものが流行し、どんな消費行動を取っているのかをよく知っています**。また、彼らは日本人の考え方や心理もよくわかっているため、日本人の参考になる意見をいってくれると思います。**インバウンドの職に従事している中国人だけでなく、あらゆる仕事に携わっている中国人が情報源になり得ます**。

ただし、一つだけ注意点があります。日中を頻繁に往復していたり、ビジネスで中国と関わりがあって、中国のデータをアップデートしている中国人ならばよいのですが、完全に日本国内の仕事で、日本人を相手にして仕事をしてきた場合、中国の情報から長年取り残されている可能性が高いということ。中国人なら誰でもいいというわけではありません。

ヒント52
日本語ができる在日中国人を介した情報収集や情報発信が有効

インバウンド関係者以外も観光業に一役買っているという意識を持とう

私はこれまで書いた中国関連本の中で、自分の考え方や思いなどを書いてきました。その中に、中国で出会った中国人とのふれあいについて述べている箇所がいくつかあります。

13年に出版した『中国人の誤解 日本人の誤解』（日本経済新聞出版社）にも、ある思い出を書きました。

それは十数年前、東北部のハルピンを旅行したときのこと。天候不順で飛行機が飛ばず、深夜エアポートホテルに宿泊しなければならなくなり、見ず知らずの中国人女性と相部屋になりました。

自分より10歳ほど年上に見えたその女性はとても親切にしてくれ、部屋の電気を消して寝るときにも、いろいろなおしゃべりに花が咲きました。日中戦争の話も出ましたが、その女性は率直に家族の間に起きた出来事を話し、私にも温かく接してくれました。

翌朝、お互いに違う飛行機に乗る直前まで、さまざまな話をし、最後は固い握手をして別れました。

たったそれだけのことですが、私は今でもその人との出会いや会話が強く心に残っています。

ほかにも、中国を旅行中、数々の人と知り合いになりました。都市部では日本人は珍しい存在ではありませんが、内陸部の田舎に行けば、今でも日本人はテレビの中の抗日ドラマでしか見たことがない存在です。

そんなとき、私はいつも日本人として、どのように振る舞ったらいいか、考えて行動していました。といっても、特別なことをするわけではありません。お年寄りとならばゆっくり大きな声で話し、子どもなら子どもの目線に合わせて話すように、相手に不愉快な気持ちを抱かせないように心がけました。地下鉄に乗っているときには、中国人と同じように、お年寄りに席を譲ってきました。

数々の旅行で体得したことは、**後々まで残る旅の思い出は、観光施設や名物ばかりで**

はない、ということです。

世界遺産や、有名な食べ物も旅の楽しみのひとつですが、**偶然出会った人との出来事や、なにげない会話は、忘れられない思い出となり、その国や町の思い出として強く印象に残ります。**

中国だけではありません。日本国内でも同様の思い出があります。私がまだ20歳くらいのとき、石川啄木の足跡をたずねて岩手県の渋民村を旅行したことがありました。村のバス停で1時間以上待っていたとき、通りかかったおばあさんが、「ずっとここに立っているのは大変だろうから」といって、持っていた新聞紙を手渡してくれ、近くにあった石の上に敷いて座るようにと、優しく声を掛けてくれました。

その町でどこを観光したのかよく覚えていなくても、その町で出会った人のことは忘れない。私はそう思います。そんな思い出が皆さんにもきっと一つや二つはあるのではないでしょうか。

東京駅近くの会社に勤務するビジネスマンである私の友人は、外国人観光客らしき人が地図を広げていると、決まって声を掛けるといっていました。彼は英語が得意ではありませんが、どこに行きたいのか、何を探しているのか、簡単な英単語とジェスチャーで教えてあげることができる、と話していました。その友人も、学生時代にヨーロッパを旅したことがあり、親切にされた記憶が、その国のいい思い出として残っているから、日本で外国人に親切にするのは、そのときの恩返し、と話していました。

それはごく簡単なことで、教えてあげた側はすっかり忘れてしまうかもしれませんが、**旅行中で高揚している相手は案外、旅先での小さな出来事の一つひとつを覚えているものだと思います。**

私はここに、インバウンドの醍醐味と、これからのヒントがあると考えています。

ヒント53

旅行中の「人」との触れ合いは一生の宝物。身に覚えがありますよね？

日本には唯一無二の観光資源がある

日本には春夏秋冬の四季があり、美しい自然があります。夏はかき氷が食べられるくらい暑くなり、沖縄には世界一という透明度の海があります。冬の北海道にはさらさらのパウダースノーが降ります。

古来の伝統や文化、日本にしかない日本特有のおいしい料理や伝統芸能があり、観光地もバラエティに富んでいます。

日本人にとって、これはごく当たり前のことです。しかし、こんなにすばらしい観光資源に恵まれた国ばかりではありません。

たとえばマレーシアとインドネシアは、どちらも素晴らしい文化や伝統があり、私は大好きな国ですが、料理や文化は似ていて、固有のものとはいいにくい面があります。

中国と台湾を比較してもそうです。台湾には、故宮博物院や台湾料理など、すばらしい観光資源がありますが、「中華的なもの」という点で中国と似通ってしまう面は否めません。北欧の国々なども、個別に見れば特徴はありますが、似ている面が多いです。

しかし、日本の日本料理、富士山、着物、桜などは、他の国に「似たようなもの」がありません。日本独自のものです。桜の木は他の国にもありますが、桜の種類の豊富さや桜並木、お花見の習慣なども含めた「桜の文化」といえるものは、世界でも日本だけにしかないものです。

これまで述べてきたように「老舗」も同様です。イギリスなどヨーロッパにも老舗企業は多いですが、日本では、一族で何百年も経営している店が少なくありません。これも他に類を見ない魅力といえるでしょう。

このように**日本には、唯一無二の観光資源が、実は驚くほどたくさんあるのです**。

これらの素晴らしい観光資源があるだけでも、日本の観光産業の未来が明るくないわけがないとわかります。

日本の観光はまだ「黎明期」であり、大きな可能性を秘めていると思います。

16年に日本にやってきた全外国人観光客は約2400万人。そのうち、中国人観光客は全体の4分の1を占めています。おそらくこの傾向は、人口や富裕層の増加傾向などから勘案しても、今後もしばらく続くでしょう。

日本政府は2020年に4000万人という目標を掲げていますが、このまま順調にいけば、その4分の1、つまり1000万人が中国人という時代がやってきます。

そうなると、旅館やホテル、観光地、百貨店や空港だけでなく、あらゆるところに中国人観光客が広がり、もっと多様化していくことでしょう。つまり、これから、私たち日本人はこれまで以上に中国人観光客に接する機会が増えると思います。

観光地に行かなくても、地元のカフェで、コンビニで、ドライブインで、商店街で、電車内で、彼らに出会うことになるでしょう。

そのとき、**どのように彼らを受け入れ、どのように接するかは、今後の日本のインバウンドにとって重要課題になってくる**と思います。

日本固有のすばらしい観光地に温かな〝人〟が加われば、日本の観光産業はもっと拡大すると思います。

これまで日本の観光産業はほとんど国内向けだったため、「そこまでして外国人観光客を受け入れなくても……」という意識があった人々もいたかもしれませんが、人口が減少し、少子高齢化が確実に進んでいく中で、成長産業と呼べるものは、観光産業以外にほとんどないといってもいいと思います。

国立社会保障・人口問題研究所の17年の統計では、日本の人口は15年に1億２７００万人でしたが、40年後には９０００万人を割り、１００年も経たないうちに５０００万人ほどに減るとされています。

このままでは地方経済は疲弊し、「地方自治体の消滅」も考えられます。日本の地方を救うのは、私は観光産業しかないと思っています。

本書で紹介してきたように、日本の地方には、日本人も知らないような、中国人がわざわざ訪れたくなるような老舗や美食、美しい風景、文化的な場所が存在します。日本人がそこを〝観光地〟として認識していなかっただけなのです。

隣国同士である日本と中国は、長い歴史の中でさまざまな交流を行ってきました。しかし、「爆買い」に始まり、これほどまでに中国人が日本へやってくる時代は、過去に一度もありませんでした。

今こそ、彼らを味方につけ、日本の観光産業を飛躍させるときではないでしょうか。

ヒント54

素晴らしい素材と温かな人が揃う日本は世界最高の観光地になれる

エピローグ

洗練された富裕層を惹きつけるために必要なもの

EPILOGUE

洗練された中国人の〝日本化〟が驚異的なスピードで進んでいる

本書では15年の「爆買い」ブーム後に起こった中国人の訪日観光旅行の状況を把握するとともに、中国系企業の動向、中国人のリアルな生活、日本の潜在的な魅力などについて紹介してきました。

私は冒頭にも書いた通り、インバウンドの専門家ではありませんが、前著に続いて、インバウンドに関する本をまた執筆させていただく機会に恵まれました。

その原動力となったのは、ブームが終わったあとの日本メディアの報道に疑問を持ったこと、中国人の日常生活がスマホの発達によって急激に変化したのに、その事実があまり一般の日本人には伝わっていないこと、などが挙げられます。

「爆買いは終わった」

この報道を何度も目にし、私は違和感を持ちました。

「同じ商品を何十個も買う」という意味での爆買いは終わったかもしれませんが、中国人は買い物をしなくなったわけではありませんし、これまで以上に、日本の魅力にはまってきていると実感しています。

この2年間で最も変わったことは、**洗練された中国人は、日本人と同じようなセンス、嗜好で日本を旅行しており、彼らの〝日本化〟は驚異的なスピードで進んでいるということ**です。

この〝日本化〟という意味は、日本が上、中国が下という意味ではありません。社会が成熟化していけば、日本人のように、個人の嗜好は多様化し、個性を求めるようになっていくという意味で、マーケティングをするのにも、いくつものターゲティングをして、分析していく必要があるということです。

中国の消費リーダーである80后（バーリンホー）、つまり80年代生まれ以降の若者は、約4億人で、全人口の30％以上を占めますが、彼らの世代は生活が豊かになり、日本の80年代生まれとほとんど変わらない興味・嗜好を持っています。また、日本では10年を1つのジェネレーションと捉えるのが一般的ですが、変化の激しい中国では5年ごと、都市ごとにウォッチするべきだと思います。

日本を選んでくれている成熟層は中国国内のトレンドリーダーである

古いイメージの「中国人像」に引きずられていると、せっかくのチャンスを逃してしまいます。彼らは顔の見えないステレオタイプの「中国人」ではなく、**一人ひとり個性と主張を持った、顔の見える唯一の存在である**ことを忘れてはいけないと思います。

これはインバウンド業界に限らず、これから中国人とビジネスやプライベートで付き合う、すべての日本人に認識しておいていただきたいことです。

中国関係の取材をしていていつも感じるのは、**インバウンドは日本の観光産業にとって欠かせないことであると同時に、日本にいながらにして、中国事情を理解できる糸口である、**ということです。

まさに、日本の中で起きている中国の現象だからです。

日本にやってくる富裕層の人々は、中国の中では最先端を歩いている人々。社会をリードして、新しいビジネス、アイデア、文化を作っていく彼らは、海外からそのヒントを得ようと思っています。

広大な中国を隅から隅まで歩くことは物理的に難しく、また、全土を歩けたからといって、中国という巨大な国家を理解することは困難です。ですが、**日本にやってきた中国人を取材していると、中国人の考え方や、これから進む方向性がぼんやりと見えてきます。そして、これから中国とビジネスでつき合う上で、どんな点に注意したらいいのか、これから中国はどうなっていくのか、予測することができます。**

私はふだん中国を現地取材し、中国の社会事情を日本人に向けて情報発信していますが、インバウンドの取材は中国の今後を占う上で、示唆に富んでいます。ですので、今後も取材を続け、中国人のトレンドをウォッチしていきたいと思っています。

インバウンドは日本経済にとって数少ない光明であり、〝生命線〟です。

その中で、最も訪日観光客数が多く、文化的にも理解しやすいお隣さんの中国人は、日本にもっと観光にやってきたいと思っています。彼らを受け入れる具体的な準備を、ぜひ今日から整えていただきたいと願っています。

あとがき

中国と関わって32年。振り返ってみると、人生の半分以上という長い年月ですが、初めて中国に出かけた日のことは、まるで昨日のことのようによく覚えています。

1988年8月。田舎から電車に3時間以上揺られて、初めて成田空港に到着。飛行機で北京に向かったのですが、緊張して機内で体調を崩してしまいました。今ではどんなことがあろうとも、物おじしなくなった図太い私ですが、初めて飛行機に乗るだけで、ワクワクドキドキしたものです。

今、初めて海外旅行に出かける中国人も、あの頃の私と同じように、初々しい気持ちでいるのだろうと想像しています。

当時、ちっぽけだった北京の空港に降り立ち、バスの車窓から眺めた町は埃っぽく、信号も、街灯もほとんどありませんでした。風景はどこもかしこもセピア色で、人々はみな質素な人民服を着て、壊れかけた自転車か、埃だらけのトロリーバスに乗っていました。

あれから30年近くが経ち、色とりどりのファッショナブルなシェア自転車をスマホで「ピッ」と決済するビジネスマンの姿をこの目で見ることになろうとは、夢にも思いませんでした。まるで、１００年くらいの歳月が経ったような気分です。

おそらく、当の中国人自身でさえ、誰も今の中国を想像することはできなかったでしょう。

私は大学卒業前の１９９０年にも再び中国を訪れ、リュックサックひとつで各地を旅行して歩きました。旅先で出会った人々との交流は本当に楽しく、以来、旅行の虜になりました。

当時、すでに先進国だった日本から中国に行くことは、時代を逆行する〝冒険〟そのものでした。頭の中で「ロッキーのテーマ」を鳴らしながら、まるで人生ゲームでもするかのように、行く先々で、果たして今日はどんなおもしろい人々に出会えるのか、どんなひどい目に遭うのか、どんな珍事件が待っているのか、スリルやリスクを味わうことさえ、すべてが楽しかったことを覚えています。

残念ながら、その後、長期の旅行をする時間は少なくなってしまいましたが、あのとき、私自身は、大掴みで「中国」という国を肌で感じ取ることができたと思っています。机の上で学んだ知識ではきっとわからなかったこと。それが旅行という〝体験〟を通じて理解できたと思っています。

ですから、中国人が「日本旅行は楽しい」と思い、日本にやってきて、この国での時間を楽しんだり、さまざまなことを体験してくれていること自体、私はうれしく思います。そして、日本のいいところを発見して、SNSでどんどん発信してくれていることに、感謝の気持ちでいっぱいです。

現に、自分の目で日本を経験した中国人からは、反日の気持ちがなくなりつつあります。これは、どんな偉い政治家も、経営者も、アイドルもできなかったことではないでしょうか。

百聞は一見にしかず。旅行や観光の持つパワーです。

観光産業は日本経済を救うものであり、日中関係がよくなければ、日本の経済もよくなりません。大げさないい方をすれば、日中関係のカギを握っているのは、人口14億人の名もなき中国人、一人ひとりの理解とクチコミです。

今、中国人の日本旅行は「攻略」といわれています。スマホの検索で「日本銀座攻略」というキーワードを入れれば、銀座でおもしろいものが発見できる。そんな方法を耳にすると、時代は変わり、IT化も進んだけれど、旅行はやはり、アナログ的に自分の足で歩き、手で直に触って、目で見て楽しむものであり、中国人もその醍醐味を知ったのだろうと思います。

中国人の旅の楽しみ方は、日進月歩で変わっています。あまりにも変化が激しいので、日本人がそのスピードに追いついていくのは難しいと感じることもあります。しかし、短期間に日本全体の環境を整えることは難しくても、一人ひとりが彼らを受け入れる心構えをしたり、発想の転換を図ることには、そう多くの時間はかからないのではないかと思います。

自分の気持ち次第で、明日からでも、自分の会社で、自分の店で、できることはあるはずです。この本が、ありのままの中国人を受け入れるヒントや気づきにつながれば幸いです。

最後に、プレジデント社書籍編集部長の桂木栄一氏と、編集担当の遠藤由次郎氏には大変お世話になりました。心からお礼申し上げます。

2018年1月

中島 恵

著者プロフィール

中島 恵　なかじま けい

1967年、山梨県生まれ。新聞記者を経て、フリージャーナリストに。中国の経済や文化から、中国人の考え方や生き方にいたるまで、現地へ赴き、生の声を聞いて集める取材力に定評がある。近著に『なぜ中国人は財布を持たないのか』（日本経済新聞出版社）、中国のインバウンドに関する『「爆買い」後、彼らはどこに向かうのか？』（プレジデント社）、そのほか『なぜ中国人は日本のトイレの虜になるのか？』『中国人エリートは日本をめざす』（中央公論新社）などがある。

中国人富裕層は
なぜ「日本の老舗」が好きなのか
中国インバウンド54のヒント

2018年2月14日　第1刷発行

著　者　中島 恵
発行者　長坂嘉昭
発行所　株式会社プレジデント社
〒102-8641　東京都千代田区平河町2-16-1
平河町森タワー13階
http://www.president.co.jp/
電話：編集(03)3237-3732　販売(03)3237-3731

編　集　桂木栄一　遠藤由次郎
装　丁　渡邊民人(TYPEFACE)
制　作　関 結香
販　売　高橋 徹　川井田美景　森田 巌　遠藤真知子　末吉秀樹

印刷・製本　凸版印刷株式会社

ISBN978-4-8334-2265-9
Printed in Japan